牡蠣萬歲
Oyster

A
Gastronomic
History

(with Recipes)

德魯・史密斯　王翎　譯

Drew　Smith

台灣南部，日落時的台南
蚵田景觀。

CONTENTS

PART 4：澳洲與亞洲

PART 5：生態

美味守則

牡蠣經典食譜

老歐夏斯・畢爾特（Osias Beert the Elder），
《菜餚與生蠔、水果及葡萄酒》（局部）
（*Dishes with Oysters, Fruit, and Wine*, c.1620）。

前言

凱爾特人不認同書寫，認為將事物寫下來表示懦弱無能，稱職的說書人應該記住一切。說書人應該要記得父祖輩代代之間口耳相傳的一切……如果他的想像能夠上溯至修築博因河谷（Boyne）紐格萊奇古墓（Newgrange）的西元前 3400 年，甚至更久以前，彷彿當時就已經存在源遠流長、綿延承續的德魯伊口述傳統文化。

在偉大史詩的年代，有許多民族都因拒絕書寫而居於劣勢，凱爾特人只是其一。所以讓我們跟他們一樣述說故事，彷彿置身停泊於康沃爾（Cornwall）某條溪流上的小型郵船，等待湧入的潮水將船身托離溼泥，抑或在路易斯安那州溫暖的沼澤地帶隨水漂流，等待風勢增強，抑或在紅海上一艘槳帆船，或澳洲北部金伯利的布魯姆（Broome, Kimberley）外海一艘划艇上，等待躍入水中下潛。

等待，是的，牡蠣擅長等待[1]。

牡蠣躲在由碳酸鈣構成的硬殼裡，在黑暗中戒慎感知可能的危險，牠們吸取水中的氧氣、過濾淤沙、轉換性別，牠們看盡人類的奮鬥跌宕和歷史興衰。

是的，我們吃牡蠣，但那只是人類歷史的一部分，也只是牡蠣歷史的一部分。牡蠣的存在早於我們人類，早於很久很久以前，或許可以說，早於時間本身。彼時各個大陸的周圍環繞牡蠣礁，在陸地和海洋之間的大塊岩石或暗礁，人類或奮力攀爬、或賣力前進，划著舟艇來到一處又一處的

小海灣，仍是「灣居人」（covemen）而非「穴居人」（cavemen）。

　　取下一顆牡蠣，感覺現今俗稱「岩牡蠣」的殼如何粗糙刮手，將牡蠣殼剝開，不僅地球過往的歷史觸手可及，你甚至可以淺嘗未來[2]。

　　對待牡蠣，要心懷敬意。

---

1. 譯註：為兼顧譯法一致及行文通順，「oyster」大多譯為「牡蠣」，偶爾視情況改用「蚵」、「蠔」、「生蠔」等譯法。
2. 譯註：英國所稱的「岩牡蠣」（rock oyster）是指「長牡蠣」（Pacific oyster，學名為 *Crassostrea gigas*；也稱「太平洋牡蠣」、「大牡蠣」或「巨牡蠣」），不同於原生澳洲的「雪梨岩牡蠣」（*Saccostrea glomerata*）；台灣養殖的牡蠣（俗稱蚵或蠔）則為「葡萄牙牡蠣」（*Crassostrea angulata*）。

牡蠣的構造

當滑溜味鮮的一小塊肉，
宛如夏日閃電劃過味蕾轉瞬即逝，
幾乎沒有人能夠想像自己吞吃入腹的，
是一部遠比手錶更為複雜且仍在運作的機械裝置。

湯瑪斯・赫胥黎（Thomas Huxley）
〈牡蠣與牡蠣問題〉（Oysters and the Oyster Question）

各種牡蠣。牡蠣嘗起來
的味道因生長環境不同
而有很大的差異。

完美不對稱

　　牡蠣在許多方面都與其他生物截然不同。大多數生物具有對稱的構造，我們人類有雙手雙腳，魚類左右兩邊完全對稱，鳥類生有雙翅，其他大多數雙殼綱動物的左右殼形狀大小也幾乎相同。牡蠣則否。

　　牡蠣的左右殼差異極大。上殼（右殼）扁平或相對較為平坦；下殼凹陷呈杯狀，因為所有的貝殼硬蛋白因重力作用而向下沖刷。儘管牡蠣以垂直或水平方向皆可生長，但都會產生相同的效果。說明起來很簡單，卻是全世界絕無僅有的特例。

　　在不斷變動的河口環境中，牡蠣是一種很穩定的生物。即使是生長在不同河口的相同物種，科學家也很難進行精確比對，相關生物學研究一直沒有太大的進展，但這正是牡蠣另一個獨特迷人之處。當周遭的一切都在變動，只有牡蠣保持靜定。

　　對遠古人類來說，牡蠣還有其他好處。牡蠣便於攜帶，只要裝入掛於船側的袋子裡，就能帶著出海或返航，殼內的牡蠣肉歷經多日依然新鮮多汁。牡蠣營養且有益健康，富含強化骨骼的鈣質及其他提振精神的礦物質，以及原始人飲食中可能極為缺乏的維生素，對四處遷徙的新石器時代人類來說，是遠比其他食物更優良的養分來源。

　　牡蠣與人類一樣分布極廣，一直以來在非洲、印度、東南亞、日本、中國、菲律賓群島、澳洲、紐西蘭、美洲等地隨處可見，只要有海岸線的地方，只要水質不會過鹹或過淡，牡蠣就生長繁盛。在歐洲，從挪威、北海沿岸到英吉利海峽，法國、西班牙和葡萄牙沿海，再到地中海的整圈海岸，都能看到攀附於岩礁生長的牡蠣。

　　摩洛哥沿岸的牡蠣礁綿延宛如絲帶，從黑海一直延伸到克里米亞，並在愛爾蘭四周皆有牡蠣礁環繞。而不列顛島周圍，甚至最北到奧克尼群島（Orkney）沿岸，都是牡蠣生長的地帶。我們可以假設盎格魯－撒遜人之所以能夠存活而且強大無比，原因之一就是他們的家鄉弗里斯蘭

> 竟然以為世所罕見、匯天地之精華於一身，集合所有巧匠技藝都無法打造的牡蠣只是偶然生成，豈有比這個更愚蠢的想法？
>
> 　　傑瑞米・泰勒（Jeremy Taylor），〈罪惡的果子〉（Apples of Sodom）

（Frisian）地區本身就是一片牡蠣礁。

　　半鹹水環境能夠保護牡蠣不受掠食者捕食，只要有堅實的岩石基礎可供著床，海流強度不至於影響群體的穩定生長，沒有過於極端的溫度變化，而且沒有颶風吹襲造成岩礁周圍水域過於汙濁，牡蠣就能生長蓬勃。

從圖中的新鮮牡蠣可看到上殼較平坦，下殼則呈杯狀。

法國諾曼第地區多維爾（Deauville）一處市場攤位上的新鮮牡蠣。

牡蠣湯
OYSTER SOUP

此料理分成兩階段製作，需提前一天製備高湯。

4 人份

- 2 大匙奶油
- 1 根韭蔥，去掉頭尾，洗淨後斜切成薄片
- 1 根胡蘿蔔，削皮後切塊
- 1 束（75～100 克）新鮮巴西里，去掉粗梗
- 3 杯（750 毫升）白酒（見備註）

- 16 顆牡蠣，刷洗乾淨
- 1 把（250～300 克）菠菜，去掉粗梗
- 4 大匙鮮奶油（乳脂含量 36% 以上）
- 新鮮麵包

製作高湯：將奶油放入大醬汁鍋，以中火加熱融化。加入韭蔥和胡蘿蔔，翻炒 5 分鐘至出水軟化。加入整束巴西里，倒入白酒。將半數牡蠣去殼，將牡蠣肉連同殼裡的汁水一起加入鍋內，轉小火煨煮 10 分鐘後，將鍋子離火靜置。

製作濃湯：將盛有高湯的醬汁鍋以中火加熱，取出巴西里束。加熱湯盤。將剩下半數牡蠣去殼，將牡蠣肉放入加熱後的高湯。灑入菠菜，份量為每人一小把。煮約 1 分鐘待菠菜開始熟軟後，加入鮮奶油。將鍋子離火。稍微攪拌後，用湯杓將濃湯舀入盤中。上桌時搭配新鮮麵包。

備註：製作份量較多時，白酒加高湯一比一稀釋。

具足面盤幼生與貝殼硬蛋白

牡蠣於春季水域開始變暖時產卵。剛孵化的幼體利用纖毛來推進游動，長大一點之後就會附著於物體表面固定不動，並利用纖毛攝食。牡蠣苗（貝苗）能夠長途移動，可從河口逆流而上或順流游出海達三公里遠。牠們會在一週後開始向下沉至海床，此時牡蠣苗開始形成外殼，放在顯微鏡下則可觀察到牠們已初具牡蠣的雛形。約 14 到 18 天後，牠們會附著在堅硬物體表面，固定之後就不再移動。

除非有人力介入，將牠們移植到不同水域增肥。有些牡蠣需要兩年才能長到相當大顆，也有些需要五、六年。野生牡蠣的壽命可以達到五十年甚至更久，在加拿大的布拉多爾湖（Lake Bras d'Or）曾發現已存活一百年的牡蠣。對牡蠣來說，找到某個物體附著其上，此後就會永遠失去移動的能力，尋覓附著的基質可說是重大的決定。牠們偏好附著在另一顆牡蠣身上。牡蠣即使處在幼體階段，對於攝取的食物種類也很挑剔，可能也會偵察感知群體之中其他個體的召喚才定下來。似乎有某種原始的通訊系統，能夠吸引牡蠣幼體在其他幼體和成體附近著床。

牡蠣幼苗在浮游期會發展出「眼點」（目前學界對於其功能仍眾說紛紜）以及「斧足」，利用斧足分泌的足絲將自己黏結在選定的附著地點。科學家稱此階段的幼體為「具足面盤幼生」（pediveliger）。「具足面盤幼生」可能附著在同類身上，也可能附著於靜定的堅硬物體如岩石、紅樹林根系、河口底部或碼頭墩柱，其他曾發現有牡蠣附著的物體還包括磚頭、舟艇、罐頭、輪胎、瓶罐，甚至螃蟹和烏龜。如果是養殖的牡蠣，則會附著在瓦片、繩索、桿棍、木筏或竹子上。

在水中生長的幼體會持續形成外殼，是藉由外套膜從海水中吸收鈣離子，分泌出的貝殼硬蛋白慢慢硬化後就形成硬殼。分泌出的貝殼硬蛋白大多分布在外套膜邊緣，因此牡蠣殼的形狀取決於外套膜的形狀和位置。

於澳洲新南威爾斯州植物灣（Botany Bay）內之烏魯韋爾灣（Woolooware Bay）養殖太平洋牡蠣的牡蠣農。

純粹的浮游生物

儘管牡蠣固著不動，所處世界卻絕非靜定。牠們的生長環境和攝取飲食會不斷變動，持續注入河口的水流將牠們滌淨，隨水漂過的一批批浮游生物裡，也有珍貴的藻類供牠們勤奮地採捕濾食。牡蠣攝食的浮游生物由各種各樣隨著潮汐和風吹漂盪的微小生物組成，下雨或水流沖刷河岸時還會加料——堪稱一道懸浮於海流的鮮活濃湯。

我們知道牡蠣都吃什麼。科學家藉由分析成年牡蠣胃裡的食物，發現來自四面八方的微小浮游生物，儼然自成一個小小海洋生態圈，早在 1933 年就有一項研究指出牡蠣的晚餐包含以下食物：藻類、挺挺蟲（tintinnids）、矽鞭藻、渦鞭毛藻、介形蟲、海洋無脊椎動物的卵和幼體、陸生植物的花粉粒、腐質碎屑、海綿骨針和沙粒。攝食浮游生物的牡蠣不僅是河口生態系的重要成員，也因此成為營養豐富的食物。某方面來說，牡蠣可說是純粹的浮游生物。由於飲食豐富多元，牡蠣能以相對極快的速度生長，並在短時間之內就長出堅韌的外殼。

敏感的牡蠣

牡蠣具有基本的生理反應，類似我們嘗到味道或嗅到氣味時會有反應。碰到危險時，牠們會將外殼閉合。牠們對光線、水的鹽度、溫度、暗影和聲音都有反應，在環境出現變化時，也會出現複雜的反應行為。

水中出現任何擾動和變化，即使只是一片黑影掠過，牡蠣的外套膜神經都會受到刺激，帶動閉殼肌關閉外殼。外套膜包含從外到內三道隆凸，靠內側的這一道隆凸最寬大，由可活動的肌肉構成，能在一分鐘內將水抽入體內又排出十五次之多，利用水流將體內完全洗淨，並且保持全身浸在水裡。只要關閉外殼且不排出殼內的水，牡蠣就能躲開大多數掠食者的獵捕，即使暴露於受汙染的水裡或遇退潮也能生存，也能承受搬移過程中造成的創傷。

沿著海灘漫步，於退潮時走近有牡蠣生長的小海灣，即使隔著一段距

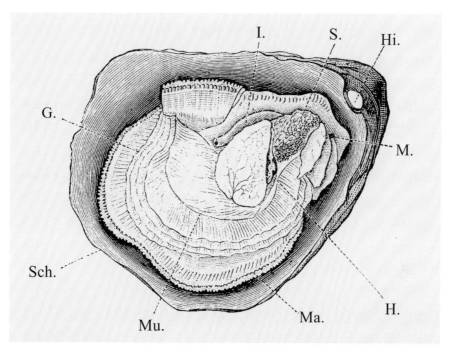

牡蠣體內器官解剖圖。H：心臟；M：口部；Hi：韌帶；S：胃；I：腸；G：鰓；Sch：外殼；Mu：閉殼肌；以及 Ma：外套膜）。

離，也能聽見牡蠣對外界變動有所反應——在關閉外殼時所發出一連串短促尖銳的噴水聲。牡蠣強壯有力，在加拿大進行的實驗發現，要將大小約10公分的成熟牡蠣緊閉的外殼強行打開，需要至少9公斤的拉力。

　　牡蠣利用鰓跟外套膜呼吸，和魚類有些相似。牠的小小心臟分成三個腔室，位在閉殼肌下方，會打出帶有氧氣的無色新鮮血液送到全身。牠還有兩顆腎臟，功能是淨化血液。吃進去的食物經過唇瓣分類後送入消化系統，經過呈盤旋狀的腸道，最後經由直腸排出。

非比尋常的性生活

牡蠣為「雌雄同體」，按原始術語的定義，指的是牠們能隨意改變性別。即使在同一個繁殖季內，牡蠣似乎也能隨意從雄性變成雌性，然後又變回雄性。雌性會在殼內產卵，雄性射出的精子則會附著在浮游生物隨海流漂向雌性。促使牡蠣改變性別的確切原因仍待釐清，很可能是受到水溫變化的影響。

根據研究文獻，直到 1937 年，英國和瑞典的科學家歐頓（J. H. Orton）及史帕雷（R. Sparek）才注意到牡蠣會變換性別。歐頓是在研究過程中發現，有一組標記為雌性的實驗用牡蠣開始排出精子，他在驚訝之餘，於牡蠣外殼上鑽洞進行觀察，在顯微鏡下觀察到雌牡蠣在數天內變成雄性。看起來雌牡蠣在產卵以後，很快就會變回雄性。

從雄性變成雌性則需要比較長的時間——無論生長條件為何，可能需要數週甚至數個月。牡蠣的雌雄同體特徵，對於繁衍後代相當有利。從生物學的角度來看，牡蠣的生理構造相當難懂。雌性沒有分泌卵白的腺體，堅不可摧的外殼就能提供保護，所以也不需要保護卵的子宮；雄性不需要陰莖，也不需要暫時儲存精子的安全處所。牡蠣也不需要任何求偶用的特殊配備，若與其他生物相比，要變換性別似乎沒有太大的阻礙。濾泡會產生卵子或精子，對雙殼綱動物來說只是小事一件。年幼牡蠣通常剛長大時是雄性，之後慢慢變成雌性。牡蠣屬的雌牡蠣會將孵化的幼體留在自己的殼裡保護 12 天，之後才將幼體放出來，讓牠們在河口漂流並尋找適合附著的安全處所。

在加拿大愛德華王子島外聖羅倫斯灣（Gulf of St. Lawrence）的馬爾佩克灣（Malpeque Bay），
一名牡蠣農正在敲打牡蠣串予以疏減，避免牡蠣生長得太過密集，攝於 1948 年。

「雄性先熟」的牡蠣

生活在太平洋裡的巨牡蠣屬（*Crassostrea*）的性生活也很多采多姿，不過巨牡蠣屬跟牡蠣屬（*Ostrea*）有一些不同的地方。巨牡蠣同樣能夠隨意變換性別，個體可以是射出精子的雄性，也可以是排卵的雌性，牠們會將精子和卵排入河口，而卵是在海水中受精；牡蠣屬則是將卵產在殼中，受精卵會在雌性的殼裡孵化。牡蠣的雄性器官會先發展，受到抑制之後再發展出雌性器官，科學家稱之為「雄性先熟」。也就是說牡蠣誕生時是雄性，在下一季會變成雌性，之後似乎偏好長期維持雌性，但也能夠而且會再變回雄性，年紀較大的牡蠣性別比較有可能是雌性；有一個氣勢磅礴的專有名詞專門描述這種現象：「順序性雌雄同體」（sequential hermaphrodism）。單一牡蠣床在不同時間點的雌雄比例可能會有很大的變動，例如一份研究顯示某片牡蠣床的雌雄比例可能為 100 比 73，但其他文獻所記錄的同一片牡蠣床雌雄比例則為 100 比 133。

巨牡蠣屬的牡蠣不會孵化幼體，而牠們生成的精子或卵子總重量可高達自身體重的八成。群體中只要有一個雄性個體射精，就會刺激其他雄性也跟著射精。雌性察覺雄性的動作之後，會立刻開始排卵。大量牡蠣精卵漂浮在水中，整片牡蠣礁很快就會呈現大片乳白。如果生活的環境中只有一顆牡蠣，排出的卵受精的機會微乎其微。射出的單顆精子在河水中四處漂流，怎麼可能遇到卵子？因此牡蠣自然而然會聚集成群，並製造大量的精卵來相互結合。牠們會像散播花粉一樣，同時釋放出數十萬顆精子和卵，而親代的外殼就成了子代附著並茁壯成長的繁殖場。

牡蠣的營養飲食

牡蠣因其攝食方式，而成為非常營養的食物來源。營養學教科書會大力推薦幼童、體弱者和老年人食用牡蠣。老奶奶坐在搖椅上剖牡蠣，或母親為生病的孩子準備晚餐時偷偷加一顆牡蠣的美妙景象，也許渲染誇大了牡蠣的營養價值，但老藥房確實很常建議病弱者食用牡蠣，也有不少研究

分析可供佐證。牡蠣也是水手、開墾者、漁夫和早期四處游牧的原住民族的理想食物。

一打牡蠣的熱量不超過 100 大卡，蛋白質含量卻跟 100 克牛排一樣多，鈣質含量則等同一杯牛奶。在海產和其他動物來源食物之中，牡蠣的特別之處在於富含維生素 C，此外脂肪含量很低，且主要是肝醣（動物澱粉）。肝醣（儲存於體內的葡萄糖）可作為重要的能量來源，因此整天辛苦開墾或做粗活者食用牡蠣有助於補充體力。

牡蠣含有多種維生素，是蔬菜和水果的實用替代品，在早期尤其有助於預防水手罹患壞血病等疾病。維生素 B12 能夠影響 DNA 的生合成，有助於維持神經細胞正常活動、促進新陳代謝和維持情緒穩定，也常作為減輕憂鬱症狀的處方，從前認為只有真菌和細菌能夠生成維生素 B12，但後來發現牡蠣含有的多種維生素中，以維生素 B12 的含量最多。

其他含量較少的維生素由多至少依序為：輔助醣類能量轉換的維生素 B1（硫胺素）、維生素 B2（核黃素）、維生素 C、菸鹼酸、維生素 A、維生素 B6 及維生素 E。

牡蠣所含的多種礦物質中，含量最多的是鋅：鋅能保護免疫系統，提升免疫力，能促進傷口癒合和生長發育，對孕婦和兒童等族群特別有幫助。奇妙的是，含量次多的礦物質是銅。鋅往往會抑制人體對銅的吸收，轉而促進人體對鐵的吸收。另外兩種含量較多的礦物質是鐵和硒，此外牡蠣也含有鎂、磷、錳和鈣等其他礦物質。

歐洲人基於本能，或許甚至有科學佐證，從古羅馬時期就會讓病人食用牡蠣，並將牡蠣用於治療結核病、黏膜炎、腹痛、貧血等各種病症。古羅馬博物學家老普林尼（Pliny the Elder）就熱中此道，建議眾人食用牡蠣可改善氣色。這也是人類開始將牡蠣從沿海帶入內陸城市的原因之一。

在各種食物中，只有動物肝臟的鐵和銅含量與牡蠣相當，僅有菠菜與牡蠣同樣富含葉酸。如果有什麼食物可能被當成春藥，光看營養成分表就能推斷牡蠣一定名列其中，甚至不需要任何鑑識科學專業知識。富含鋅的特質與精子品質和生育力直接相關，肝醣提供能量，維生素 B12 有助於保持愉快心情，而維生素 C 和 B2 則是抗氧化物質。

美國華盛頓州甘博港灣（Port Gamble Bay）的牡蠣。

　　鋅是人體不可或缺的微量礦物質。男性每次射精時可能流失 1 至 3 毫克的鋅，因此食用牡蠣可能有助於「重振雄風」。科學家發現陽萎與體內缺鋅有關，有些性功能障礙患者在補充鋅之後，情況就有所改善。美國食品藥物管理局近年來發現，過去可能有許多人都有飲食缺鋅的問題，因此食用牡蠣的影響在一百年前也許比現今更為顯著。

　　牡蠣殼同樣具有營養和療效，過去曾作為製造石灰的原料，至今仍作為肥料添加物，也能添加在蛋雞的飼料裡提高產下雞蛋蛋殼的硬度。由於牡蠣殼富含鈣質，也有藥廠採用牡蠣殼粉末作為預防骨質疏鬆症藥物的原料。

　　前述牡蠣殼的應用在過去一百年來逐漸式微，如今我們發現回收牡蠣殼再利用的最好方法，就是將空殼放回牡蠣床，為牡蠣幼苗提供附著生長最理想的基質。

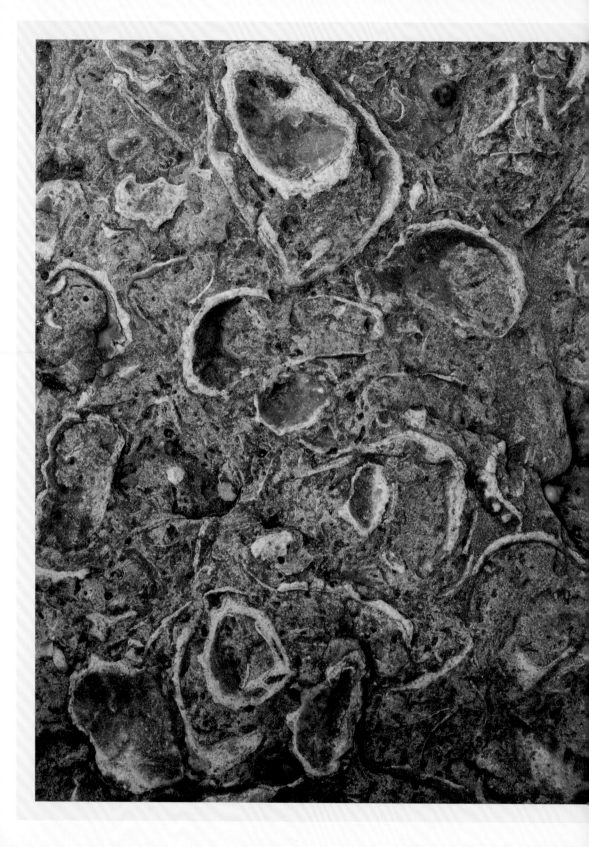

PART I

遠古時代

銳利堅硬如燧石，任何鐵片擊打都點不起熱烈大火；
緘默寡言、行事隱祕、避世孤僻如牡蠣。

查爾斯·狄更斯（Charles Dickens）
《小氣財神》（*A Christmas Carol*）

侏羅紀時期所遺留之
化石化的牡蠣殼。

太初之始

　　牡蠣比我們人類更古老，比草本植物更古老，牡蠣於文明肇始、世界源起之初就已經存在。

　　在古生代晚期的化石中，就可以發現牡蠣。如果要計算距今多少年，古生代是在 5 億 4,200 萬到 2 億 5,100 萬年前——也就是地球形成 40 億年之後，或地球出現生命 33 億年之後。無論從什麼標準來看，牡蠣都是非常獨特的倖存者。

　　英格蘭多塞特郡（Dorset）的波特蘭石形成於侏羅紀時期，在這種岩石中可以發現特徵明顯的牡蠣化石。在秘魯的安地斯山脈海平面以上約 3,200 公尺處，發現了巨大的牡蠣殼，形成年代可追溯至 2 億年前。無論在多少個地點發現牡蠣化石，可以確知的是，牡蠣早在許久以前就已經存在。

　　世界各地都可以發現史前人類遺留的貝塚（埋有廚餘的古代遺跡）。丹麥的卡特加特海峽（Kattegat）沿岸某處的貝塚裡遺留的，以牡蠣、鳥蛤、淡菜（貽貝）和玉黍螺的殼為主。在愛爾蘭西部海岸也有類似發現，而在法國布列塔尼的聖米歇爾昂萊爾姆（St.-Michel-en-l'Herm）海岸，更在沼澤地上方 4.5 公尺處發現了長 640 公尺、寬 275 公尺的整片貝塚。考古學家在希臘南部邁錫尼、日本和澳洲，皆曾發現規模龐大的貝塚。現今對於早期美洲原住民生活的認識，則主要源自對於原住民族於密西西比州至緬因州沿岸，以及達馬里斯科塔河（Damariscotta River）周邊等地所遺留早期貝塚的相關研究。

最早的刀叉、選票兼舟船

　　牡蠣是遠古人類生活中不可或缺之物。新石器時代人類不只食用牡蠣，也將牡蠣殼當成原始的餐刀、湯匙甚至挖掘工具。牡蠣殼內緣有一層帶有光澤的珍珠質，這種討人喜愛的材料會被製作成飾品，或用來裝飾最

緬因州紐卡索（Newcastle）達馬里斯科塔河河岸的格利登貝塚（Glidden Midden）由多達數噸的棄置牡蠣殼所形成，年代約在西元前 200 年至西元 1000 年之間。

早的宗教聖像，牡蠣殼剩餘的部分則可能搗碎之後與沙子混合成建築用的水泥。牡蠣從肉、外殼到最令人夢寐以求的殼內珍珠，都能用於以物易物。

　　來自布列塔尼的探險者在大約西元前 4000 年抵達不列顛島，之後四百年間人口增加至原本的四倍，表示新移入者不再過著狩獵採集生活，而是慢慢定居形成聚落。這批最早的歐洲人駕著舟船在沿岸探索一座又一座小海灣，確認每座小海灣都是豐沛的食物來源。探索者找到一處牡蠣床，在周圍建立安全的聚落之後就能繼續前進。等到能夠建造更大艘的舟船，他們就能沿著海岸線航行至更遠處，同時知道視線範圍內就有哪幾處岩礁有牡蠣可供取食。牡蠣產量如此豐富，只要朝岩礁傾身伸手就能撬下一串牡蠣，隨身攜帶鐵片就能剖開牡蠣生吃，或是將牠們丟進火堆裡烤一烤，外

殼受熱後很快就會打開。

最早的這批探險者是「灣居人」，他們沿著海岸線緩緩航行，選擇食物資源最富饒的河口短暫停留。他們所形成最早的文明——或者說是文化會更為適切——是以海上行動為主而非陸上，絕對稱不上蒙昧未開化。

牡蠣也為史前人類帶來了另一個重大發現——鹽。牡蠣生長繁盛的淺水灣無論大小，一定會有潮汐變化。牡蠣對生長水域的鹽度十分敏感，這一點清楚顯示了凡是有牡蠣的地方，就能找人類最早用來延長食物保存時間，以增加自己活命機會的鹽。

甚至在我們使用的語言中，牡蠣也無所不在。牡蠣屬的屬名「*ostrea*」這個字原為希臘文，意指「排除在外」。古希臘社會有一種投票方法，是在貝殼上刻下記號來表決是否放逐某個人，由此衍生出「流放」（ostracism）一詞。世界各地古往今來的歷史中，只要有牡蠣生長的地方，就上演了充滿熱血丹心與赤膽豪情的人類歷史。海權強國如英國、法國、西班牙、葡萄牙、日本和美國，都是推崇牡蠣文化的國家。牡蠣與強大的海權之間絕非毫無關聯。採捕牡蠣需要舟船，凡是牡蠣生長繁盛的地方，很快就會出現造船相關的貿易活動，且在各地自有其獨特性，通常是因應採蠔人或航程中必須攜帶牡蠣作為糧食的水手的需求而生。當時的舟船需要船帆，當地也隨之興起製造帆布的產業。英格蘭艾塞克斯於中世紀就以和法蘭德斯地區（Flanders）的貿易往來著稱，美國切薩皮克（Chesapeake）的女裁縫師則將高明的技藝轉而用於替曼哈頓金融家縫製襯衫和全套西裝。早期的採蠔人即是海軍，法國的海軍士兵領到的退休俸可能是一片牡蠣床。

貝塚：史前時代遺留的碎片殘跡

在古希臘羅馬時期之前，歐洲可能就已有人在買賣不列顛島的牡蠣。攤開歐洲的巨石文化遺址分布圖，會發現與當時有牡蠣生長的海灣位置完全重合。長墳（long barrow）和古老石墳幾乎全都位在沿海數英里內的陸地，可想而知與牡蠣生長的小海灣也相隔不遠。先民多半將水視為崇高神

聖的存在，會將獻給男女神祇的祭品投入急流之中。

位在愛爾蘭博因河谷的紐格萊奇古墓令人驚嘆，其年代甚至早於英格蘭威爾特郡的巨石陣及古埃及的金字塔。據認此座古墓是在大約西元前3200年修築，可能是為了慶祝或敬拜冬至的到來。在博因河流域還有許多其他新石器時代遺址，顯然是那個時期的重要地點。在《淵遠流長的凱爾特文化》（*Celtic Connections*, 1996）一書中，席曼・波史托克（Simant Bostock）指出：

> 曾在紐格萊奇生活的這群人唯一留下的，是內側房間四室地板上四座巨大的石砌淺盆；遺留物包括些許經火化的人類遺骸、九組曾放入火葬柴堆焚燼的別針扣件、石頭墜飾、七顆石球、燧石工具殘片、獸骨和貝殼（舉行祭儀盛宴、奉祀神祇或祭拜亡者後留下的殘餘物）……

位於博因河北方數英里的卡陵福（Carlingford）至今仍是愛爾蘭的牡蠣生產重鎮。波史托克接著寫道：

> 我們可以推斷凱爾特人是北歐影響力最為深遠的部族之一，他們最早接觸到的南歐地中海部族可能是善於航海的腓尼基人。無論凱爾特或腓尼基文化，都沒有留下相關的歷史紀錄：凱爾特人遵守口述故事的傳統，拒絕書寫；腓尼基人書寫記錄用的紙草紙並未留存至今，而且他們是海上民族，留下的文字紀錄可能因浸水而毀壞。

或許沒有歷史紀錄可供查考，但牡蠣殼卻證明了在那個時期，或至少在前羅馬時期，已有活躍的聚落群體。無論古希臘人或羅馬人，對於已被自己征服和殖民的民族，皆沒有什麼動機要吹捧他們的文化。這個西方聯盟幾乎可以確定是被刻意地拋棄在歷史的邊緣。但是，歷史上可能存在過另一種形式的帝國，這種帝國實質上可能與希臘或羅馬一樣重要。

腓尼基人

　　在古代某個不確定的時間點，腓尼基人開始和不列顛島西側沿海的居民交易。他們非常需要康沃爾的錫，甚至不惜在當地定居採礦。文獻中指出曾有一個稱為「錫群島」的區域，也發現年代可追溯至西元前 500 年的礦場遺跡。也有其他證據指出，早在青銅時代，大約西元前 2100 至 1500 年的時候，腓尼基人就曾在伊比利半島購買錫。錫很重要，但在歐洲相當稀少。錫是製作青銅不可或缺的原料，由此我們可以推測，康沃爾身為歐洲的主要錫產地之一，本身就具有相當的重要性。康沃爾的法爾茅斯（Falmouth）擁有天然港口和遍布牡蠣床的海灣，顯然對腓尼基人來說是很理想的登陸地點。

　　愛爾蘭、康沃爾、南威爾斯從古至今盛產牡蠣，對海上民族腓尼基人來說無疑是一大福音，牡蠣不只是充足的食物來源，還可以當成貨物帶回沿途的今黎巴嫩或其他各個港口販賣。任何從非洲出發沿著海岸線一路向北行駛至英吉利海峽的船隻，都會行經今葡萄牙、西班牙、法國沿岸的牡蠣礁，幾乎不可能錯過這種垂手可得、隨到隨採的營養食物。當時有些戰艦上的划槳手可能高達 170 名，需要大量食物餵養，牡蠣無疑是熱門搶手的重要資源。

　　巴克里（J. A. Buckley）所著之《康沃爾礦業簡史》（*The Cornish Mining Industry*, 1988）如此描述分布地區自達特穆爾（Dartmoor）一直延伸至蘭茲角（Land's End）的錫礦產業：

> 根據史料可知……早在西元前 4 世紀，康沃爾人和地中海民族之間就已經發展出相當成熟複雜的錫貿易。目前幾乎沒有任何證據顯示，如此繁盛的國際貿易，在羅馬人入侵和四百年後撤離等重大歷史事件中僅受到暫時的擾動。

　　古羅馬文人注意到了西方的這群人。據說馬薩利亞的皮西亞斯

（Pytheas of Massalia，馬薩利亞即指今法國馬賽）於西元前 325 至 250 年間駕船繞行不列顛島，記錄了英格蘭西南部（West Country）錫礦的重要性，他形容康沃爾人因為經常接觸「外來商人」而相當「文明友善」。

古希臘歷史學家西西里的狄奧多羅斯（Diodorus Siculus）指出：「不列顛人……好客有禮。」他描述了如何挖採錫礦，挖採之後如何送到群島上鑄成錫錠，之後運往高盧（Gaul）並在 30 天內由馱馬走陸路載運到今日的馬賽。這段記述很有趣的一點在於證明了那個年代要將大批英格蘭牡蠣運往羅馬，絕不可能以馬匹載運，因為牡蠣離水後不可能保鮮那麼多天，必定有其他的運送路線。

2004 年 6 月 19 日於美國維吉尼亞州費爾法克斯（Fairfax）的世界歷史學會年會上，歷史學家桑福·霍斯特（Sanford Holst）發表了一篇論文，主張關於腓尼基人確切的活動年代仍有諸多爭議，起因在於腓尼基人的勢力來自海上。以慣用的殖民和建立帝國的概念來看，腓尼基人一直到約西元前 1100 年才開始將加的斯（Cádiz）、馬拉加（Málaga）和伊比薩島（Ibiza）、今摩洛哥的丹吉爾（Tangier）、北非的迦太基（Carthage，今突尼斯）等地納為領土，以及在賽普勒斯、西西里、薩丁尼亞島和科西嘉島建立殖民地。

考古研究發現，腓尼基城市比布魯斯（Byblos，即《舊約聖經》中的迦巴勒〔Gebal〕）於西元前 6000 年興起時是一座小漁港，所在的黎巴嫩地區山坡上的茂密雪松林提供了造船業和貿易所需的木材。證據顯示，比布魯斯發展至西元前 4500 年時已有數百座房屋。根據相關考古研究和當時的文獻，傳說中的推羅城（Tyre，今泰爾）是在西元前 2750 年前後建城，最初僅是兩座近海小島。

世界各地的牡蠣文化群體皆屬於海上文化，其勢力和影響力在歷來的討論中一直遭到低估。這些歷史更為悠久的帝國最終遭到吞併，其歷史被後來的征服者重寫，且多有虛假不實之處。

尊貴的紫色

義大利拉溫納（Ravenna）聖維塔教堂（Basilica of San Vitale）中的六世紀馬賽克鑲嵌畫，畫中的查士丁尼大帝（Emperor Justinian）身披御用紫色斗篷；這種紫色染料源自海螺，而海螺正是牡蠣最大的天敵。

腓尼基人和古羅馬人會將海螺殼壓碎後提取出一種紫色染料，而海螺是牡蠣的掠食者之一，牡蠣可說也成了這種紫色染料的重要供應者。這種「帝王紫」、「皇家紫」或「泰爾紫」（Tyrian purple）染料在古羅馬十分珍貴，將一件「托加」（toga）長袍染色可能需要用上多達 1,200 隻海螺來製作染料，提取染料的過程辛苦耗時，可說自成一種家庭手工業，而牡蠣群體則可視為備受感激的上游供應商。

地理因素將相關貿易又連結回英格蘭西南部。腓尼基人在康沃爾發現珍貴的錫礦之後，很可能不願洩露礦場所在地點，他們需要錫和鉛來製造鍋具，在提取遠近馳名的紫色染料時就不會造成染料汙染變色。據說腓尼基船長在公海遭到敵船追擊時，寧可鑿船自沉也不願洩露錫礦位置或交出運送的染料，因為這種染料比黃金還珍貴，其價格可能高達等重量黃金的 15 甚至 20 倍。

古希臘羅馬人

　　古希臘人善於造船和航海，可能會航行到遠地劫奪大批牡蠣。西元前400 年時，他們已經會在特別整理過的淺水池中放入樹枝和陶片吸引牡蠣幼體著床，位在義大利半島「靴跟」的希臘港口塔蘭托（Taranto）直至今日仍是牡蠣生長的區域。

　　據老普林尼記載，羅馬人最早於西元前 100 年左右嘗試在拿坡里灣（Bay of Naples）養殖牡蠣。首先設置人工牡蠣床者是塞吉烏斯‧歐拉塔（Sergius Orata），他將布林迪西姆（Brindisium）的牡蠣帶到巴亞（Baiae）養殖增肥，目的「並非為了滿足口欲，而是出於貪婪」，想利用這種巧妙的方法大賺一筆。

　　然而其後，有人認為即使布林迪西姆地處偏遠，但在此地採捕新鮮牡蠣再長途運送還是很划算；為了避免市場上出現不同口味的牡蠣，於是又有人想出新方法，以盧克林湖的湖水餵養長途運送後急需水分滋潤的布林迪西姆牡蠣。

　　歐拉塔的養殖方法至今仍廣為沿用。他將養殖區裡原有的海洋生物清除，放入牡蠣苗，三不五時前去確認生長空間足夠每顆牡蠣長得碩大肥滿。此外也會定時疏減整理牡蠣串避免生長太過密集，洗掉牡蠣外殼上的寄生生物，並清除水中的淤沙。

　　歐拉塔另一項更具革命性的創舉，是在水底堆起石頭後擺放成年牡蠣，接著在周圍放置木樁和懸浮在水中的成捆樹枝，吸引牡蠣幼苗附著其上。巴亞的湖池裡也養殖了很受歡迎的食用魚金頭鯛，養殖戶會用牡蠣餵食金頭鯛來增肥。

　　巴亞這個濱海城鎮曾是冠蓋雲集的熱門景點，有許多富裕羅馬人前來放縱狂歡，此處自古即設有牡蠣養殖場更加深了牡蠣離不開驕奢淫逸的印象。如今巴亞有部分陸地已沉入拿坡里灣，但在古羅馬時期卻是首屈一指的度假勝地和帝國艦隊的基地。

> 他也是評判盧克林湖牡蠣滋味鮮美絕妙的第一人……在歐拉塔推崇盧克林湖牡蠣的時期，當地還未開始供應不列顛海岸生產的牡蠣。
>
> 老普林尼，《博物志》（*Natural History*）

古羅馬人種種放蕩淫逸之舉，在文獻中斑斑可考。古羅馬社會名流馬庫斯‧凱利烏斯‧魯弗斯（Marcus Caelius Rufus）遭指控，於西元前 60 年在羅馬和「熱鬧的度假勝地巴亞」過著淫逸放蕩的生活，流連於海灘宴會等飲酒作樂的場合。西元前 15 年逝世的哀歌詩人普羅佩提烏斯（Sextus Propertius）曾形容巴亞是「淫邪與罪惡的巢穴」，當地的情況在西元 1 世紀顯然沒有太大的變化，於西元 65 年辭世的哲學家塞內卡（Seneca the Younger）在《道德書信》其中一篇論及「巴亞與罪惡」，形容這座溫泉鄉是「窮奢極欲的漩渦」和「罪惡的港灣」。羅馬皇帝克勞狄烏斯（Claudius）正是在巴亞為第三任妻子麥瑟琳娜（Messalina）興建了一棟豪華別墅，而麥瑟琳娜在此日以繼夜宴飲狂歡之餘，還密謀發動政變擁立情夫為皇帝，最後因此遭到處決。

你或許會認為，巴亞正是一個適合體面的牡蠣著床生長、揚名立萬的理想之地。甚至有一道著名燉菜料理的名稱就取自巴亞，這道燉菜裡除了牡蠣，還放了淡菜、海蜇、松子、芸香、西洋芹、胡椒、芫荽、孜然、葡萄酒、魚醬（garum）、棗椰和食用油。

關於古羅馬人宴飲時究竟吃掉多少牡蠣，已有不少探究結果。據說羅馬皇帝維特里烏斯（Aulus Vitellius）曾在一餐裡吃下 1,200 顆牡蠣。不過其中可能也牽涉實務上的考量，即使羅馬人的別墅裡設有保存食物用的地窖，每次運來一批牡蠣，仍然必須趁新鮮生食，剩下的牡蠣就必須送進廚房烹煮或以其他方式保存。

老普林尼更是熱心推廣牡蠣，視之為可以治百病的仙丹妙藥，他建議以放入葡萄酒和蜂蜜煮熟的牡蠣治療腹痛，服用連殼烤熟的牡蠣治療黏膜炎，以泡過牡蠣的水治療潰瘍，建議婦女食用牡蠣保養肌膚，還曾提出將牡蠣殼磨成粉末當作潔牙粉，他的多項提議皆成了後世庸醫的藥方。

與馬提亞爾同桌共餐

羅馬人愛吃牡蠣，他們會特別烤一種麵包搭配牡蠣一起吃 —— 可說是美國「牡蠣餅乾」和「牡蠣麵包」的前身。如羅馬詩人馬提亞爾（Martial，活躍於西元 100 年前後）的邀請函所示，晚餐是上流社會熱切期待的重要場合：

> 謹致朱利烏斯・克里阿利斯（Julius Cerialis），恭請蒞臨寒舍接受竭誠款待……前菜是萵苣（可幫助消化）、柔嫩韭蔥段，以及一尾比小鯖魚略大的醃漬幼鮪魚佐蛋和芸香葉，以及更多以小火慢煮的蛋，還有來自佐維拉布洛（Velabrum Street）的乳酪，以及感受過皮切內（Picene）寒風的橄欖，以此作為開胃菜綽綽有餘……想知道還有什麼菜色嗎？魚、牡蠣、母豬乳房、填餡野禽和穀倉放養母雞。

當時牡蠣通常是連殼送上桌，據古羅馬文人名士記述，搭配的醬汁是以胡椒、圓葉當歸、蛋黃、醋、魚醬油（liquamen）、橄欖油和葡萄酒調配而成。古羅馬的「魚醬油」類似魚醬，通常是將富含油脂的魚類如鯖魚和鮪魚的內臟發酵後製成，有點像是中國的醬油（或許更類似泰國的魚露），是當時很普遍的醬料，富有人家會當成佐料，窮人會加在稀粥裡調味，羅馬軍團士兵甚至會加水稀釋後飲用。

製造魚醬油的場所會散發濃濃的臭味，皆設置在城鎮以外的地區。從史料文獻可知「魚醬油」最初是一種毒藥，後來才演變成特製醬料，製作時會在大缸內將茴芹籽、芫荽、茴香、西洋芹、薄荷、香薄荷、胡薄荷、圓葉當歸、奧勒岡、百里香、藥水蘇（purple betony）、罌粟等野生香草層層鋪疊，材料基本上就是鹽再加上地中海地區山坡能夠捕撈採摘的魚類和香草植物。

我們也可從羅馬將軍穆西阿努斯（Mucianus）這段追求珍饈美食的記述中，得知羅馬人如何不遠千里取得牡蠣，以及羅馬人對於晚餐食材是如何講究：

來自基齊庫斯（Cyzicus）〔在希臘較遠那一頭〕的牡蠣比盧克林湖所產的個頭更大，味道比布列塔尼的更溫和，風味比梅多克（Medoc）的更鮮明，比以弗所（Ephesus）〔靠近今土耳其伊茲密爾〕的更強烈刺激，價格比伊里契（Illice）〔於今西班牙穆爾西亞〕的更高昂，沒有克黎普拉斯（Coryplas）〔可能在希臘或為羅馬附近一處希臘神殿遺址〕的那麼多汁，顏色則比齊爾切（Circei）〔靠近羅馬〕的更白。

對羅馬人來說，不列顛牡蠣是傳說中的珍品，尤其在當時以「魯圖培牡蠣」（Rutupian oyster）之名為人所知的科爾切斯特（Colchester）牡蠣。魯圖培（Rutupiae）是里奇伯羅（Richborough）於羅馬時期的地名，該地不僅是前往羅馬船隻的主要出發港口，也是古代惠特靈大道（Watling Street）的起點。當時的牡蠣貿易經營得井井有條，布列塔尼以及英格蘭各地的牡蠣都是送到此地集中後運往羅馬，羅馬人則在自家別墅地底修建了冰窖來保存牡蠣。

阿古利可拉（Gnaeus Julius Agricola）在西元 78 至 85 年擔任總督期間，首度派人將大批牡蠣從里考弗（Reculver）運往羅馬，船程可能長達六週——遠遠超過牡蠣離水後可以存活的時間。但歷史學家對此輕描淡寫，對於古人竟能將科爾切斯特的牡蠣運到羅馬的壯舉並未多加著墨。

兩地之間的直線距離將近 1,500 公里，若依羅馬的馬車行駛平均速度來計算，約需 50 天才能抵達，但牡蠣歷經這麼多天的運送，自然無法存活。

船隻行進速度有時可能比馬車更快，但全程走海路的航程更長，超過 5,000 公里。如果走海路將牡蠣載運至波爾多卸貨改走陸路，到了馬賽之後再重新裝上船運往羅馬，也僅能將航程縮短為 600 公里。載有 180 名划槳手的羅馬槳戰船可以達到相當高的航行速度，但是滿載牡蠣的貨船絕不可能達到同樣的高速。

歷史學家約翰・莫理斯（John Morris）在關於羅馬時期倫敦歷史的著作《倫蒂尼恩》（Londinium）中指出：

巴亞燉魚
BAIAN FISH STEW

此食譜出自羅馬帝國末期由人彙編而成，並冠上古羅馬美食家阿皮基烏斯之名的《阿皮基烏斯》（*Apicius*）食譜集。食材中的「sea anemone」確切意思不明，最有可能是指在西班牙稱為「ortiga」、常以油炸方式製成下酒小菜的「溝迎風海葵」（snakelocks anemone）；若根據食譜中的料理方式判斷，也有可能是指海膽。原始食譜建議使用一種用風乾葡萄製成的甜酒（passum）；羅馬人嗜甜，因此料理時還加了棗椰。

8 人份

- 煎炸用橄欖油
- 2 根西洋芹，切段
- ⅔ 杯（150 毫升）白酒或風乾葡萄製成的甜酒
- ⅔ 杯（150 毫升）魚高湯
- 50 顆淡菜，刷洗乾淨後去除足絲
- 25 顆牡蠣，刷洗乾淨
- 10 個海葵

- ½ 杯（50 克）杏仁片（扁桃仁），預先烤過
- 2 大匙魚醬油（魚露）
- 1 株迷迭香
- 胡椒
- 1 小匙孜然粉
- 4 大匙切碎的棗椰
- 2 大匙切碎的新鮮芫荽葉

將橄欖油倒入深醬汁鍋以中火加熱，加入西洋芹炒 2 分鐘至出水變軟。加入白酒和魚高湯。煮沸後加入淡菜，烹煮數分鐘至淡菜開殼，將鍋子離火靜置放涼。等待放涼時將牡蠣去殼，保留殼裡的汁水。用銳利廚刀將海葵切片，加在牡蠣肉裡。鍋內的淡菜放涼到可取出時，挖出淡菜肉再放回高湯裡。將烤過的杏仁片放入鍋內。加入魚露、迷迭香、胡椒和孜然粉調味。以小火加熱至小滾，加入牡蠣肉和海葵。拌入切碎的棗椰，最後灑上芫荽葉點綴。

古羅馬牡蠣佐醬
ROMAN OYSTER SAUCE

　　紐約州醫學協會（New York Academy of Medicine）典藏了一部年代約在西元 4 世紀或 5 世紀初的古羅馬手抄本，其中收錄了一系列相當獨特的食譜，給予後人一窺古羅馬料理堂奧的寶貴機會。

　　此文本的早期翻印版本命名為《論烹飪》（*De re coquinaria*），其中一份食譜製作出的牡蠣佐醬很類似較稀的美乃滋。

　　原始食譜英譯本中列出了圓葉當歸籽這項材料，不過在最後加入新鮮圓葉當歸也很美味。

　　「將胡椒和圓葉當歸與蛋黃混合，每次加入一滴醋並攪拌至均勻。接著加入橄欖油、魚醬油、白酒和些許高湯。視喜好加入蜂蜜。淋於牡蠣上並立刻上桌食用。」

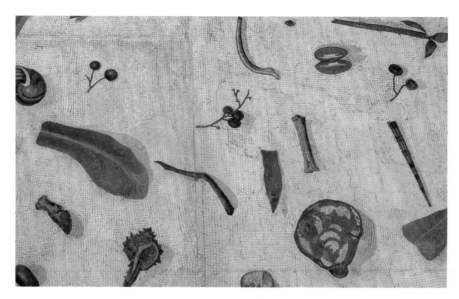

羅馬人熱愛宴飲，從這面西元前 2 世紀「待清掃的地板」（asàrotos òikos）馬賽克鑲嵌畫中的牡
蠣殼，可以看出羅馬人的宴席上少不了牡蠣。

> 不列顛牡蠣大多產自倫敦周圍地區……於帝國初期在羅馬就已頗
> 有名氣。運送至羅馬販售的牡蠣價格高昂，一打牡蠣的價格就是
> 一名工人的半天工資。運送牡蠣至羅馬不太可能是走橫跨歐陸的
> 陸路，最有可能是走海路從倫敦附近港口出海直接送往羅馬的港
> 口；無數地中海城市的居民皆嗜食牡蠣，羅馬只是其中之一。

運送牡蠣的方式一直眾說紛紜，而如莫理斯所概述，現今採用的運輸
方式或許有助揭開謎團。古時只有富人有能力經營海上貿易，要承擔很高
的風險，但利潤也很高。為了避開惡劣天候，當時的槳帆船會沿著海岸線
航行。直到 12 世紀才發明船舵，在此之前，船員仍使用側槳來控制船隻的
行進方向。莫理斯認為當時的航海貿易主要在夏季月份進行，雖然是很務
實的考量，但牡蠣盛產期在冬季，對採蠔人來說就不太理想。

依當時的情況來看，採收後的牡蠣可能是分批運送，而非集中在一趟

運送完畢。倫敦很可能是海上貿易鏈的一端，這條海上貿易鏈從布列塔尼到吉隆德（Gironde），再沿太加斯河（Tagus）一直延伸至地中海。每批牡蠣運送時分成數段航程，在每階段都可能都會加入乾淨的水浸泡保持鮮活，甚至放回河口數週或數月再次增肥，等下一批送到後再送走前一批。

　　另一個可能的方法是，在沿著海岸線一路買賣的航程中，由數名船員不斷替牡蠣更換海水保鮮。這麼做可能獲得更高的報酬，但由於牡蠣頗有重量，因此載運量不可能過於龐大；但牡蠣也可能是專為特殊客戶運送的高價貨物，與較輕的貨物混合載運。

　　羅馬人視牡蠣為珍饈，願意大費周章將牡蠣運回首都，也可能願意不遠千里引進其他來自異地的珍稀之物，例如印度的絲綢或非洲的大象和獅子。這就是帝國的貿易活動。即使地中海西部、英吉利海峽、莫爾比昂灣（Gulf of Morbihan）和比斯開灣（Bay of Biscay）風強浪大，仍有眾多勇敢的船長干冒風險，於回程裝載壺罐容器、橄欖油和葡萄酒等貨物。

　　羅馬人占領了不列顛島上的卡納芬（Caernarfon）、斯萬西（Swansea）、卡地夫（Cardiff）和紐波特（Newport），並以科爾切斯特為其根據地，也在多切斯特（Dorchester）、契切斯特（Chichester）、里考弗和泰晤士河河口周圍修築要塞（前述皆為牡蠣床分布處），而羅馬人建立的聚落絕對不只這幾個地方。他們在選定聚落地點和興建別墅時，似乎從不放過任何盛產牡蠣的地區，在錫爾切斯特（Silchester）一處羅馬營地遺址曾發掘出土 100 萬枚牡蠣殼，最北甚至到哈德良長城（Hadrian's Wall）遺址都曾挖到牡蠣殼。

流傳千古的謬誤

桑德羅‧波提切利（Sandro Botticelli）的《維納斯的誕生》（*The Birth of Venus*,1482-1485）是
藝術史上最知名的畫作之一，畫中描繪巨大貝殼載著女神維納斯來到岸邊，此顆巨大貝殼應為牡蠣
殼，畫家卻誤畫成扇貝殼。

希臘神話中代表愛和性欲的女神阿芙蘿黛蒂（即羅馬神話中的女神維納斯）時常被形容或描繪成躺臥於牡蠣殼上，而牡蠣也就成了神話故事中性和愛欲的象徵物，也以具有催情效果著稱。

阿芙蘿黛蒂的美貌無與倫比，眼神媚惑撩人，擁有眾多情人，侍奉她的女祭司會以與虔誠的凡人男子歡好的方式進行膜拜，很難找到比她更為稱職的愛欲和牡蠣守護神。女神誕生的那一刻就極具戲劇張力。根據古希臘詩人海希奧德（Hesiod，活躍於西元前 700 年前後）所述，烏拉諾斯（Uranus）是泰坦諸神的父親，遭到其子克羅諾斯（Cronus）推翻並閹割，他的生殖器被割下並拋入大海時，海面開始翻湧冒泡，自浪花泡沫中誕生的女神阿芙蘿黛蒂立於貝殼之上。故事精采動人，可惜的是波提切利的《維納斯的誕生》及其他多幅畫作都將載著女神的貝殼畫成扇貝，就這一點而言，藝術並未將牡蠣的傳說忠實呈現。

北方通道

　　「北方軸線」較不明顯，但其存在有跡可循，在黑暗時代甚至更久遠以前皆具有相當重要的意義。奧克尼群島或許隸屬不列顛島，但直到1468年才劃歸蘇格蘭的一部分，在此之前則由挪威統治，遺傳學研究則發現有三分之一的奧克尼人具有北歐血統。漢堡、約克等地的大主教曾於1102年企圖將奧克尼群島納入自己的教區管轄，但遭到挪威的老威廉主教（William the Old）嚴正拒絕。

　　如要追溯奧克尼群島最早的歷史，要再往前回溯3,000年。斯卡拉布雷（Skara Brae）的巨石和石砌通道、斯丹尼斯（Stenness）立石、梅斯豪石隧墓（Maeshowe passage grave）及布羅德加石環（Ring of Brodgar）等遺址都是最具體的證據，證明了這個北方的偏遠地點早在新石器時代就有先民用岩石砌築結構並形成聚落。

　　北起挪威和奧克尼群島，向南到英格蘭西部、愛爾蘭以至布列塔尼，北方地區的沿海遍布牡蠣床。這些地區通行的語言之間也有關聯。威爾斯學者約翰・萊斯（John Rhys）將不列顛島西半部通行的語言稱為「布立吞語」（Brythonic），相對於盎格魯－撒克遜人所用語言，而「Brythonic」一詞則源自古希臘文獻中指稱不列顛群島時所用的「Prettanic」。他也承襲後羅馬時期的典型學術思維，認為同樣盛產牡蠣的愛爾蘭島在文化上和宗教上都變得更為重要。在蠻族勢力橫掃歐洲的時期，愛爾蘭自西元5世紀起一躍成為學術中心和基督教的避難所，在文藝復興時期到來之前保存學術知識的殘餘火苗不致熄滅。學者和抄書吏建造出巨大的圖書館，謄抄無數書冊的希臘文、拉丁文和蓋爾文（Gaelic）版本，這些抄本就由傳道士帶往各地流傳。萊斯認為康沃爾語（Cornish）、威爾斯語、布列塔尼語和坎布列語（Cumbric）皆源自這群人使用的布立吞語，而奧克尼群島也有人使用布立吞語。無論考古證據、盛產牡蠣的特色以及前羅馬時期歷史，都證明奧克尼群島的歷史開端可以追溯至好幾千年前，也為萊斯的理論提供

英國奧克尼群島斯卡拉布雷新石器時代遺址的無隔間石屋，年代約為西元前 3100 至 2450 年。屋內中央處的爐火可用來烹煮食物和取暖，四周牆面則鑿有可放床鋪的凹龕。

了更多旁證。羅馬人知道奧克尼群島的存在，他們對群島的稱呼「奧卡德斯」（Orcades）是布立吞語而非拉丁文，不過無法確認羅馬人是否曾上岸停留或只有買賣交易。

黑暗時代的不列顛島東岸與歐洲大陸之間的關係顯而易見。盎格魯人、撒克遜人、丹麥人、荷蘭人、諾曼人──都是橫渡北海的北方人。拜威廉三世的王室家族所賜，我們現今生活中仍不時可見各民族接觸互動之後留下的遺緒。歷史學家將這些接觸互動冠以征服、戰爭、劫掠和入侵之名，但換個角度思考，這些接觸也可能偏向消極被動和互助合作。有船的人自然會想駕船四處好奇探索。然而，北方對維京人比較有吸引力，還可以避開位居歐洲中心的英吉利海峽，他們進入北大西洋就能自在徜徉。來自斯堪的那維亞的維京人疑似與丹麥人達成協議，英格蘭就留給丹麥人，而他們則向北沿著西岸發展。

大海上也許沒有王法，但要靠岸時，船長絕不會冒險將船停泊在不友

好的港口。在黑暗時代，任何一名王公或將軍最不希望發生的，就是與勢均力敵的敵方部隊硬碰硬，他不僅可能因此傷殘或喪命，更可能連自己的王朝、承襲的遺產、權力甚至所有族人一併葬送，例如國王哈羅德・戈德溫森（Harold Godwinson）就在黑斯廷斯戰役中失去了一切。凡是興兵動武，必定牽涉劈砍和衝撞、攻擊和撤退、劫掠和逃跑。在不列顛島上，即使人民大致具備地理概念，但幾乎沒有所謂為自己的國家或民族而戰的思維，一切都以地方為依歸。是諾曼人首先帶來修築城堡、分封爵位領地和建立國家的概念。

在這個爭相擴張勢力的歐洲人群體中，維京人只是最北的一群。他們比挪威人更早得知沿途驚濤駭浪但能採獲大批牡蠣的西邊航線，而他們所到之處最南可達地中海，留下的清楚蹤跡可以媲美路線圖。他們對牡蠣相當熟稔，不過似乎不認為吃牡蠣和男子氣概有什麼關係，據說挪威國王英奧爾（Ingjald）曾因為「做出許多令維京人不齒的行為，包括將食物炒熟甚至吃了牡蠣」，引來維京戰士史達凱（Starkad）批評。

維京人自西元 793 年開始，接連襲擊林迪斯法恩（Lindisfarne）、愛奧納島（Iona）和愛爾蘭島毫無防備的修道院，留下在各地姦淫擄掠的惡名。他們選中的這些目標很好下手，可以搜刮修道院內許多宗教寶物回去燒熔，但野蠻的劫掠行為加上受害基督教團體手無寸鐵難以抵抗，更是招致眾怒。維京人似乎比其他民族更善於移動，他們於黑暗時代在貿易和殖民扮演重要角色，也是歐洲後羅馬時期甚至包括前羅馬時期的重要中間人。現今仍有以愛爾蘭木材製作的維京長船殘片留存於世，雖然都柏林（Dublin）是由維京人所建，但他們的殖民思維很可能與其他民族截然不同；他們很像腓尼基人，是不斷移動的商人。

碳定年法的發展促使歷史學家重探維京人的史前史，連同維京人在北歐的遺緒也必須重新評判。近年在芬蘭和瑞典交界的托內河（Torne）河谷發現了一處遠古聚落遺址，其年代可追溯至西元前 9000 年。及至 2005 年，在瑞典的坎戈佛斯（Kangofors）附近，則發現了另一處西元前 8000 年的遺址。1980 年代在瑞典的沃勒林（Vuollerim），發現了西元前 4000 年的石器時代棚舍遺跡。近年在挪威的佛瑟莫（Forsetmoen）也發現了西元開始

前後的鍛鐵作坊，其他出土文物則大多為西元 400 年前後所遺留。

即使不談氣候學家的「斯堪的那維亞蔚藍海岸」主張，對於為何在這些高緯度地區仍有牡蠣生長，有一個簡單合理的解釋。雖然北歐的水域大多太過寒冷，但生長在夏天陽光照射下的淺窄峽灣就像在作日光浴，加上兩側峭壁上的冰雪反光，為牡蠣繁殖提供了理想的場地，挪威人稱這種海灣為「牡蠣池」（polle）。在沿岸發現了石器時代和青銅時代的貝塚，而牡蠣直到 19 世紀仍十分常見。17 世紀時一位名為安德斯·寇克（Anders Kock）的議員獨占採捕牡蠣的權利，條件則是為王室供應牡蠣。

阿利斯泰·莫法（Alistair Moffat）在《海上王國》（The Sea Kingdoms）一書中提出有力證據，說明這個早已遭人遺忘的遠古西方群體的存在。他檢視了多個偏遠的蘇格蘭城堡遺跡，包括與穆爾島（Mull）相望之莫文灣（Morvern Bay）上的亞托尼許城堡（Ardtornish）、斯凱島（Skye）的鄧韋根城堡（Dunvegan Castle），以及巴拉島城堡灣（Castlebay, Barra）上的堡疊島城堡（Kismuil Castle），它們的共同點是兀立於易守難攻的海灣，幾乎無法取道陸地進入。這些城堡都是刻意選在偏遠地點，方便船隻停泊和來去，同時又能避開來自陸地的攻擊。他設想當時曾有一個龐大的海上王國，從斯堪的那維亞一直延伸到奧克尼群島、蘇格蘭、曼島、愛爾蘭、康沃爾以至布列塔尼，各地之間以這些濱海的城堡為連結點，他們的語言演變為蓋爾語的多個分支流傳至今。「海岬」在威爾斯語中稱為「pen」，而彭里斯（Penrith）、佩納斯（Penarth）和沿岸其他多處的地名中皆保留了「pen」。亞伯特威（Abertawe，斯萬西）和亞伯立斯威（Aberystwyth）兩個地名中的「aber」前綴，即意指流入河流出海口或較大的江河匯流處。琴泰岬（Kintyre）和金卡丁（Kincardine）兩個地名的由來，則是蓋爾語中另一個指稱海岬的字詞「ceann」。英格蘭在威爾斯語中稱為「Lloegyr」，意指「失落的群島」。

PART 2

舊世界

世界是我的牡蠣，
任我用利劍撬開。

威廉·莎士比亞
《溫莎的風流婦人》（*The Merry Wives of Windsor*）

揚·戴維茲·德希姆（Jan Davidsz.
de Heem），《玻璃杯與牡蠣靜物畫》
（*Still Life with a Glass and Oysters*,
1640）。

不列顛群島

　　肯特（Kent）的法弗舍姆（Faversham）坐落於靠近泰晤士河出海口一帶，其名稱源自拉丁文的「工匠」（faber）和日耳曼語中的「農家」（ham）。羅馬人稱此地為「Durolevum」，意為「濱海要塞」。此地在兩個不同時期皆獲得命名，足見其重要性。

　　根據法弗舍姆的歷史，在羅馬人之後，朱特人和撒克遜傭兵部隊前來此地守衛港口，因為喜歡此地而就此定居。流經法弗舍姆的溪流具有戰略地位，英吉利海峽上的船隻可駛入躲避風暴，周邊挖掘的深井則提供淡水。最早在 8 世紀，荷蘭人就曾為了尋找暫歇或落腳處、通商做買賣、走私、襲擊洗劫等各種目的前來此地，與羅馬人在此地落腳的理由相同。

　　英格蘭國王史蒂芬（King Stephen）過世後安葬於此地的修道院，他在 1147 年曾授予修道院採捕牡蠣等特許權。但更早在 930 年時，艾塞斯坦（Athelstan）曾在此召開議會，暗示此地可能在那個年代就已經相當重要。不僅盛產牡蠣，也以鍛造工藝著稱，造船技術尤其發達，在此地建造的船隻稱為「彼得船」（Peter boat），名稱由來為聖彼得之名，設計和建造技術則受到維京長船的影響，表示即使這麼偏南的地方與斯堪的那維亞之間也有相當深度的接觸。據記載法弗舍姆與歐陸之間曾有繁忙的貿易活動，但在羅馬帝國瓦解之後幾乎停擺，不過這座瀕臨英吉利海峽的港口在所謂黑暗時代似乎仍舊相當安全且熱鬧，有不同民族在此共存。

　　一般多半認為 11 世紀才開始有人養殖牡蠣，而漁夫在海邊就能採捕大量野生牡蠣，在一處牡蠣礁採捕至枯竭後再轉往下一處。此說法不具說服力，羅馬人肯定知道如何養殖牡蠣。

　　此說法與泰晤士河出海口的特質也不符。英格蘭本土牡蠣最大且最知名的產地就在泰晤士河口，分布範圍包括北邊肯特海岸的惠斯塔布（Whitstable）和法弗舍姆一帶，以及艾塞克斯靠海的科恩河（Colne）、克羅契河（Crouch）、馬爾頓（Maldon）、黑水河（Blackwater）和羅奇河

你品嘗過惠斯塔布牡蠣嗎？只要吃過，絕不會忘記它的美味。肯特海岸的特殊性造就了「惠斯塔布在地牡蠣」，在英格蘭各地牡蠣之中個頭最大、汁多味美，而且口味最為細緻。

莎拉‧華特斯（Sarah Waters），《輕舔絲絨》（*Tipping the Velvet*）

（Roach）水域。

但艾塞克斯在牡蠣供應量上很少達到自給自足。此地的潮溝流入泰晤士河，而河水可能沖走牡蠣苗；只有在羅奇河沿岸的帕格舍姆（Paglesham）例外，因為法內斯島（Foulness Island）周圍起落的潮水會將牡蠣苗留在內陸，為牡蠣苗提供了天然的附著區。但肯特或更遠產地的幼小牡蠣可以送往其他溪河，養肥之後再供應市場所需。此種情況究竟源自何時仍未有定論，但可以確定的是合乎常情且歷史相當悠久。如果我們接受英格蘭牡蠣是經由水路運送至羅馬的說法，那麼據此也可以延伸推論，運送者沿途會分階段將成批牡蠣放回不同水域養肥，將一批牡蠣從一處牡蠣床移往下一處並非難事。

吃魚日

西元 700 年前後生活於英格蘭中部的撒克遜人相當富庶，他們的致富之道就是從偏東南的泰晤士河口周圍三個港口出海，到各地長驅直入大肆洗劫，這三個港口分別是倫敦的奧德威治（Aldwych）、薩弗克（Suffolk）的伊普斯威治（Ipswich）及南安普敦（Southampton），向來以盛產牡蠣和造船產業發達著稱。

及至 8 世紀，早在諾曼人到來之前，已有人將海邊採捕的牡蠣運往其他地方，牡蠣貿易並未因羅馬人離去而停擺。原因之一是教會堅持除了大齋期（Lent）要以魚代肉，每週五、每週六以及某幾週的週三也是「吃魚日」。從對於當時日常飲食的研究可知，鄉村民眾很常食用牡蠣。英格蘭人嚴格奉行吃魚日的守齋戒律長達千年，可能是後來才出現以牡蠣搭配

艾塞克斯布賴特靈西（Brightlingsea）的採蠔人和採蠔小船，攝於 1928 年。

肉類（例如配羊肉，混合牛肉製成派餡，填入雞、火雞甚至鴨子腹中當餡料，或和豬肉混在一起製成香腸）的英式獨門料理，並收錄於 17 世紀前後問世的第一批印刷食譜。在各種商品之中，牡蠣的地位非比尋常。以下引自伊普斯威治的一份中世紀法令：

> 為了保障公共利益（不分窮人和富人），凡是以船隻運送自本城
> 碼頭販售的牡蠣和淡菜，僅限由運送者本人自行販售。禁止其他
> 人介入牡蠣和淡菜販售，如有違反情事者，商品一律充公，並處
> 以 40 便士罰款。

保護當地牡蠣資源，是為了讓窮人能夠維持生計。牡蠣產量稀少時，民眾會確保留下足夠自用和供給全城的份量，有多餘的再帶到市場販售。鯡魚被列入可供買賣的商品，但牡蠣並不被視為一般商品，而是民眾的生活必需品。

小牛頭與牡蠣料理
CALVES HEAD AND OYSTER

此道以肉搭配海鮮的食譜出自《真正仕女最愛奢華食譜集》（*A True Gentlewoman's Delight,* 1653）。小檗漿果（barberry，現今花市販售的小檗植株常稱為「berberis」）味道極酸，富含維生素 C，烹飪時常用於增加酸味，不過後來的人多改用檸檬，在波斯料理中仍是常見食材。

取小牛頭放入加了鹽和少許葡萄酒或酸果汁的水中煮至沸騰，煮到差不多熟時，撬開數顆牡蠣取肉放入，將 1 或 2 片肉豆蔻皮、少許胡椒、鹽和少許牡蠣汁一起攪拌均勻後淋於小牛頭上，將最大顆的牡蠣置於小牛頭上，再放上半顆檸檬和小檗漿果即可上菜。

※ 酸果汁（verjuyce）是將味酸的水果如未熟的葡萄榨汁而得，可再加入檸檬、香草植物或辛香料調味。

泰晤士河河口及肯特和艾塞克斯沿海地圖，1714 年。

王室贊助

　　就貿易而言，泰晤士河的港口是與歐陸往來的正門，港口城鎮與英格蘭國政之間關係密切的程度遠遠超越不列顛島其他地區，此種情況直到工業革命和西岸港口成為前往海外殖民的出發地之後才有所改變。

　　從整個歐洲的角度來看，英格蘭的歷史就發生在英吉利海峽兩岸、在泰晤士河和歐陸岬角北邊沿海城鎮之間的地區。採蠔人就是他們的船夫、使者和守衛。當時崛起的英格蘭王室鼓勵肯特數個港口城鎮組成「五港同盟」，最初結盟的起源尚待釐清，最初包括五個港口，後來艾塞克斯的布賴特靈西等 23 個城鎮和小港灣皆加入同盟。英格蘭國王懺悔者愛德華（Edward the Confessor）賦予這幾個港口城鎮徵稅和立法的權力，交換條件則是港口城鎮須負責保護與諾曼第之間的貿易路線。愛德華也要求各個城鎮打造 57 艘船，且可在需要時徵用人力，每船應提供 21 名船員加 1 名少年，每年為王室效勞 15 天。這些船隻想必是在「沿海和小海灣周邊」盛產牡蠣的城鎮打造，港口城鎮的特許權則由海事大臣負責管理。

　　亨利二世（Henry II）於 12 世紀授予小港灣城鎮馬爾頓自治以及管理近郊城鎮紹森（Southend）、利鎮（Leigh）和哈德利（Hadleigh）的權力，這幾個地方直到 20 世紀初一直是牡蠣產地。

　　再往北的伊普斯威治則有費利克斯托（Felixstowe）和哈里奇（Harwich）兩座港口，此地在歷史上也留下許多規範商人和貿易行為的法令紀錄。現在的鳥類保護區霍西島（Horsey Island），從前曾是泰晤士河駁船船員藏匿走私品躲避海關查緝的據點。濱海荷蘭（Holland-on-Sea）則位在比較著名的克拉克頓（Clacton）和弗林頓（Frinton）之間，就在大荷蘭區（Great Holland）南邊。如果像科爾切斯特這樣一個小城鎮都能以航海起家之後繁榮昌盛，只有一水之隔的荷蘭首都大城阿姆斯特丹的發展更是無可限量。

　　西梅爾希（West Mersea）的特許權最為古老，早在 1046 年即獲得懺悔者愛德華頒授。六百年後，即 1687 年，查理二世（Charles II）頒布了第二份特許狀，將採捕牡蠣的特權授予倫敦的嘉都西救濟院（Charterhouse

Hospital）。

再往西的多塞特郡情況相似，亞波茨伯里（Abbotsbury）也獲王室授予同樣的特權，此處的切希爾海灘（Chesil Bank）和分布的波特蘭石中皆可發現史前時代遺留的牡蠣殼。克努特大帝（King Canute）的侍臣歐克（Orc）獲賜弗利特潟湖（Fleet lagoon）之後，不知感恩地評論道：「潟湖裡除了鰻魚、比目魚和烏魚之外，幾乎沒有別的魚，不過此地倒是以遍布牡蠣床著稱。」

歐克的妻子柔拉（Thola）繼承了弗利特潟湖，之後將這塊地遺贈給當地的修道院。修道院院長有權向在這片潟湖捕撈的漁民抽稅，1427 年時的稅金為 200 顆牡蠣 2 便士，1 隻鮭魚則收 6 便士。亨利八世（Henry VIII）於 1543 年下令解散修道院，准許麾下的貴族蓋爾斯·史特朗威爵士（Sir Giles Strangways）以 1,000 英鎊買下多塞特郡的這塊土地，至今仍有爵士的後人在此居住。

科爾切斯特的善行義舉

科爾切斯特早在 7 世紀就已遠近馳名，但當地民眾很需要保護。9 世紀時常有丹麥人到科爾切斯特打家劫舍，薩里（Surrey）、肯特、艾塞克斯等城鎮就必須派兵救援。僅僅一百年後，科爾切斯特成為擁有鑄幣廠的富裕城鎮。

根據理查一世（Richard I）於 1189 年頒布的一道特許狀，科爾切斯特公會（Colchester Corporation）控制科恩河，但特許狀中也提及其外祖父亨利，由此可推測科爾切斯特最早取得王室特許狀的時間可再提前一百年。公會善用這道特許狀捍衛自身利益，其中漁民的利益尤其重要。科爾切斯特牡蠣聞名全世界，但實際產地其實位在比較南邊平原區的威文霍（Wivenhoe）、布賴特靈西、西梅爾希等地沿岸。科爾切斯特絕不會放棄在這些地點採捕牡蠣的權利，並要求所有牡蠣都必須送往海斯（Hythe）的碼頭漁市販售。任何人如果在其他地方販售牡蠣或賣給其他人，即使是在自己居住的村莊，都會遭到城鎮當局逮捕並沒收漁船。早在 1200 年就有漁

科爾切斯特 1896 年 10 月 20 日「牡蠣節」活動文宣。

民因為私運羊毛或其他違禁品，並未優先供售給城鎮自由人（freeman）而遭控告的案件。

不過科爾切斯特的主事者頗有經營遠見，似乎很注重生態保育，並照顧當地人民的福祉：他們規定從復活節到聖十字節（9 月 14 日）之間禁止捕撈，所有採捕牡蠣者皆須登記並取得許可證，要求先滿足科爾切斯特當地人的需求方能將多餘牡蠣運往倫敦販售，而當地人因為「有此條款保障而大為寬心」。他們也慢慢懂得制定保護漁業資源的法規：每艘漁船載運人數不得超過兩人，拖撈漁獲不得超過現行拖撈一次的標準份量；夏季拖撈作業僅限於桅杆高度 2 公尺以內之帆船進行；漁夫應將拖撈漁獲分類，幼魚和未成熟牡蠣皆須放回海裡；要求獲得捕撈許可者一同防範牡蠣床遭到會掠食牡蠣的海星或海螺入侵。雖然稱不上是完整的水產養殖業，但有充分證據顯示早期的牡蠣養殖已經相當進步。

歡樂的自由人

對於中世紀的男人、商人和共濟會成員來說，舉行宴會同歡共飲是人人嚮往的活動。牡蠣也因此成了社會地位的象徵。科爾切斯特的帳冊甚至經過精心修改，抹除了以公家經費所購買的食物和飲料確切份量的相關紀錄。

當地歷史學家葛尼·本漢（Gurney Burnham）於 1893 年 10 月寫道：「公會會議紀錄由精明的城鎮書記員彙編整理，令人難以察覺城鎮所有收入幾乎全都用來購買食物和酒飲。」

科爾切斯特自 1318 年開始於每年 10 月 9 日舉行慶典，至今仍會舉辦「科爾切斯特牡蠣節」。但牡蠣節絕不是唯一一個大吃大喝的日子。每年 8 月選出城鎮長官兼副司法官（bailiff）之後，城鎮會舉辦餐會並以公帑支應，新任城鎮長官還會在 9 月底舉行一場就職宴會。接下來的季度會議、治安官聚會、查帳（一年兩次）以及牡蠣捕撈季開始和結束，皆是舉辦餐會的名目。另外還有「野味節」大餐跟賦稅日大餐，公定假日、王室制定節慶及每季收取租金的日子也會擺設宴席。及至 1520 年，由於牡蠣商和

牛排、愛爾啤酒與牡蠣
STEAK, ALE, AND OYSTERS

此份食譜是一道經典菜色的維多利亞時代變化版，通常當成派餡並搭配胡蘿蔔和豌豆，製作時可以加上派皮，也可以單純用錫箔紙覆蓋後烹煮。

4 人份

- 2 大匙奶油
- 3 顆洋蔥，去皮後切碎
- 3 根胡蘿蔔，去皮後切小丁
- 1 公斤肋眼牛排，切大塊
- 麵粉（灑粉用）

- 鹽與胡椒
- 2 杯（500 毫升）司陶特、深色或波特啤酒
- 8 顆牡蠣，刷洗乾淨

烤箱預熱至 180℃。在可放入烤箱的燉鍋內放入奶油並加熱至融化，放入洋蔥和胡蘿蔔，以中火炒至出水。將少許麵粉混合調味用的鹽和胡椒灑於牛肉塊上，將牛肉塊放入燉鍋。在鍋中加入啤酒，不夠淹過食材時須酌量加水。煨煮至小滾，加蓋後放入烤箱 3 個半小時，加熱至整塊肉可輕易撥開。

如果要將燉料當成派餡，接著將派皮麵團置於撒了麵粉的平面，將麵團擀至 1 公分厚、比烤皿稍大的薄片。將加入啤酒燉好的牛肉舀入烤皿。將去殼後的牡蠣肉放在燉牛肉上方。用錫箔紙蓋住烤皿，放入烤箱烤 40 分鐘。如果最上方要加派皮，在烤皿邊緣刷上蛋液。將派皮麵團小心地蓋在烤皿上，修整麵團邊緣，收口捏緊後用叉子壓出條紋，在派皮麵團表面刷上蛋液後放入烤箱。

馬背天使
ANGELS ON HORSEBACK

現今的「豬包毯」（pigs in blankets）是指外裹麵皮的熱狗或香腸，是相對較晚才發展出來的菜色。百年前包在麵皮裡的可能是牡蠣而非豬肉，也就是法文所說的「床上牡蠣」（huîtres aux lit），這種前菜原本稱為「馬背天使」（Angels on Horseback），不用任何麵皮以表現此道菜色奢華大器。為維持整齊美觀，優先挑選肥美的牡蠣，或至少大小與外裹的培根可互相配合者。

將裹好培根的牡蠣放回殼裡再送上桌。

4 人份前菜

- 12 顆牡蠣，刷洗乾淨
- 12 片培根
- 鹽，份量足夠灑在炙燒用烤盤
- 1 顆檸檬

預熱烤箱（只開上火）。將牡蠣去殼。將培根置於烤盤上，略微炙烤至變軟且易於彎捲。移走烤盤上的培根，在烤盤灑上厚厚一層鹽（厚約 1 公分）。將每顆牡蠣分別用培根裹住，插上牙籤固定。將裹了培根的牡蠣放在鹽巴層上，將烤盤放入烤箱炙燒 2 ～ 3 分鐘至出水。放上檸檬角即可上桌。

科爾切斯特自由人的宴飲太過頻繁，牡蠣公會的收入幾乎全都用在吃喝聚餐。城鎮長官於 1563 年試圖遏止這種花錢如流水的作法，規定選舉日大餐費用不得超過 40 先令，治安官餐會不得超過 20 先令，收租日大餐則不得超過 10 先令。至於其他人此後是否有所節制，後人難以得知。文獻中保留了許多奢華菜餚的食譜，或至少記錄了食材成本，想必是城鎮自由人自行提供的資料。自由人於 1617 年購買：

6 塊牛後腰脊肉　20 先令
5 頭肥豬　3 先令 6 便士
6 對兔子　6 先令
4 桶啤酒　32 先令。

　　有時候帳冊裡不會寫明購買牡蠣，而是以暗語「去河裡兩回」替代。帳冊中記錄的運費「向來高昂」，但也可能是高明的作帳手法。有一筆紀錄為一人一馬前往布賴特靈西載運牡蠣的運費為 4 先令；而在另一筆紀錄中，載運一樣多的牡蠣卻要支付 60 先令。

　　為了 1645 年某次大餐購買的食材如下：

水煮魚　3 先令
「綠內臟」牡蠣　6 先令
燉牡蠣　4 先令
牡蠣派　5 先令。

　　據文獻記載，公會從不吝嗇，千年來一直慷慨贈送大批牡蠣給法官、國王和朝臣。巡迴法院只要來到切姆斯福德（Chelmsford）就能等著收禮，眾法官則肯定會收到一、兩籃牡蠣。亨利八世曾將當地牡蠣帶到加萊（Calais），在會見神聖羅馬皇帝查理五世（Charles V）時一起享用；伊莉莎白一世（Elizabeth I）時代，有人想請託朝中大臣時也會獻上數「尼波金」（nipperkin，量詞說明見第 76 頁）的牡蠣。

　　科爾切斯特的社會群體給人的印象是收入頗豐且能自由運用，城鎮的繁榮昌盛在 17 世紀已經遠近馳名，繁華程度可能與荷蘭的數個城市不相上

下。17世紀遊記作家西莉亞・范恩斯（Celia Fiennes）滿懷敬意地描述此城鎮：

> 這是一座大城……有一條很長的寬闊大街一直延伸至大橋，長度將近一英里。這條大街中段與另一條長度相當的大街交會，十字路口處坐落著城鎮行政中心，標示市集廣場所在的市集十字塔（Market Cross）以及一座供當地人設攤販售一種起絨毛料（bay）的長形建築。此地生產大量起絨毛料，裝成大包後賣到倫敦。整座城鎮的居民都從事紡紗、織布、清洗、晾乾和修整起絨毛料工作，看起來十分勤奮。城鎮內房屋林立，呈現欣欣向榮的景象。

法外之境

水域及漁獲在所有權和管理上相當複雜多樣，諸多惱人問題歷經兩千年仍未完全解決。土地所有權引發的爭奪戰無論如何血腥，最後皆能以有形的圍牆籬柵劃定確切界線，但即使只是數英里甚至數英寸大小的水域，所有權的永久歸屬也足以引起難以止息的紛爭。

水域、河口、海岸和水下土地以及撈捕漁獲的「所有權」合法性錯綜複雜。艾塞克斯商人仗恃優秀的造船技術，於夏季航行至其他河口劫掠牡蠣苗，認為此舉稀鬆平常，但同時也要求嚴守自家的小港灣，防止肯特人或法國和荷蘭船隻入侵洗劫。

即使在律法中，牡蠣的地位也與眾不同。牡蠣不像魚類會游動，因此只要新發現一處盛產牡蠣的海岸，就可能引起想發一筆橫財的外來者覬覦。但牡蠣生長的地點也未必完全符合預期，因此買下某塊牡蠣產地的地主可能在數年後發現，牡蠣在原本地點難以存活，產地已經往下游移轉。

既得利益者為了捕撈牡蠣的豐厚利潤極力爭取權益，但法律界人士對相關問題一知半解，數百年來的法條修正逐漸演變成荒誕的鬧劇。法院曾作出判決，認為只有偷取貼了標籤的牡蠣才算偷竊，理由是這樣偷取者

約翰·費爾本（John Fairburn）於 1823 年所繪之諷刺漫畫以「在地美味盡納腹中」（Taking-in the Natives）為題，描繪數名打扮時髦的紈絝子弟在店家攤位前享用牡蠣。身穿黃色外套的男子問：「我說傑克啊，你最喜歡哪種牡蠣？」藍衣男子回答：「噢湯姆，我想什麼都比不上在地的公牡蠣，你說呢，我的生蠔老朋友？」

才知道自己在偷東西。另一道判決則裁定偷取牡蠣不算是偷竊，因為牡蠣並未受到傷害，而且可以搬遷到更好的居住環境。微罪小案之多，難以一一列舉。漁夫遭指控會在夏季用拖網撈捕，他們不開划艇，而是駕著有風帆的採蠔小船到小港灣裡，將特定的牡蠣床撈捕殆盡，將牡蠣苗賣給外來商人，將成熟牡蠣賣到法蘭德斯或其他地區，還會恫嚇城鎮的副司法官甚至行政長官。這些牡蠣「盜獵者」有恃無恐，只要向東梅爾希（East

Mersea）的治安官宣稱，不法行為的發生地不在他們的司法管轄權之內，就能全身而退。

即使君王或議會能夠將海岸納入專屬管轄區，但也無法推翻漁民可能基於某項年代久遠已不可考的協議，而對某塊水域主張的永久所有權。海洋在普通法中為全民共有，捕撈漁獲的權利在《大憲章》（Magna Carta）中也受到法律保障。任何人都能到海中採捕牡蠣。數百年後，英國終於在1886年成立了皇家委員會，旨在釐清漂流到外海或所有權區域以外之牡蠣苗的所有權。事實證明，盎格魯－撒克遜國王克努特大帝是正確的（他曾在某次禮拜時示範自己無法控制海浪）：他的王國最遠只到岸邊，而無論是他或他的後繼者，對於海上事務都鞭長莫及。

即使到了現今，牡蠣在法律上仍被視為野生，無論擁有一片牡蠣床，或是具有採捕牡蠣的歷史權利，都無法對特定牡蠣主張所有權。理論上，如果一顆牡蠣永久附著於某塊海床，而該海床被視為附屬於某片地產，那麼這顆牡蠣就屬於地產的主人所有。但也可以反過來論證，由於一顆牡蠣並非附著於地面，而是附著在另一顆牡蠣身上，因此屬於「動產」，任何人只要伸手採摘就能將之納為己有。

即使到了1993年，一名法務人員被問到對於採撈野生牡蠣是否合法，仍提出以下見解：

> 關於普通法中對於牡蠣本身的所有權（不同於採集牡蠣的權利），似乎仍有些不確定性，而對所有權的判定，係取決於牠們附著於基質的程度高低，或從法律的角度來看，即對其作為土地（solum）「附加物」性質高低的認定。

走私與地下經濟

在18世紀的惠斯塔布，幾乎所有小船都從事走私。與其說是地下經濟，不如說是發展成熟的替代方案，採蠔人無不爭先恐後投入非法買賣。

法國境內發生戰爭，主政者必須抽取高額稅金支應戰事開銷，連

帶造成商品稀缺和物價高漲。無論荷蘭的夫勒辛（Flushing，即今夫利辛恩〔Vlissingen〕），或法國的加萊、布洛涅（Boulogne）、迪耶普（Dieppe）、敦克爾克（Dunkirk）、南特（Nantes）、洛里昂（Lorient）和勒阿弗爾（Le Havre），皆急於將貨品從合法或非法管道販售至其他地方。英吉利海峽上的海峽群島（Channel Islands）買賣經商不受限制，後來由英國確立統治權，直到 1767 年一直作為提供漁船補給的中繼站。法國的應對之策是積極建設當時乏人問津的港口羅斯科夫（Roscoff），發展成可為德文（Devon）和康沃爾提供補給的主要港口。羅斯科夫在數年內改頭換面，從原本的木屋聚落發展成寬敞房屋和偌大店鋪林立的城鎮——很可能是地緣關係使然，經營店鋪的英格蘭、蘇格蘭、愛爾蘭和根西島（Guernsey）移民全是牡蠣商人。

走私的貨品必須分裝成小袋運送，如果將大批非法貨物運到港口再分裝，很容易會被海關發現。走私漁船必須迅速交貨，而採蠔小船不僅適合，也一向熟悉此道。從事走私比平常採牡蠣的利潤高得多。有時候小船幾乎不需要橫越英吉利海峽，只要善用駕駛帆船的技巧靠近行經的大船，就能接下數盒菸草、蘭姆酒或茶葉。漁民也可能在河口往外海數英里處搭建木筏放置走私貨品，再用吹氣脹起的畜獸膀胱和羽毛標記，憑著對潮汐水流的了解，讓木筏神不知鬼不覺隨水流從海關旁漂過，等數小時後退潮再前往僻靜的小港灣找回木筏和載運的貨品。

丹尼爾·笛福（Daniel Defoe）在《大不列顛全島遊記》（*Tour through the Whole Island of Great Britain*, 1824-1826）中記述自己抵達法弗舍姆時的發現：

> 就我所知，這個城鎮除了惡名昭彰的走私生意之外，別無其他足可稱道之處，協助他們走私的還有荷蘭人的採蠔小船……這一帶的居民個個精通非法門路，藉由旁門左道積聚了鉅額財富。

法弗舍姆的財富有部分來自深夜的走私生意，但漁民也能趁牡蠣豐收時大賺一筆。早在法弗舍姆獲得王室頒授特許狀的年代，當地採蠔業就是父傳子的獨占事業。從當地建築物可知，漁民在牡蠣盛產的年頭大發利

比林斯蓋特海鮮市場

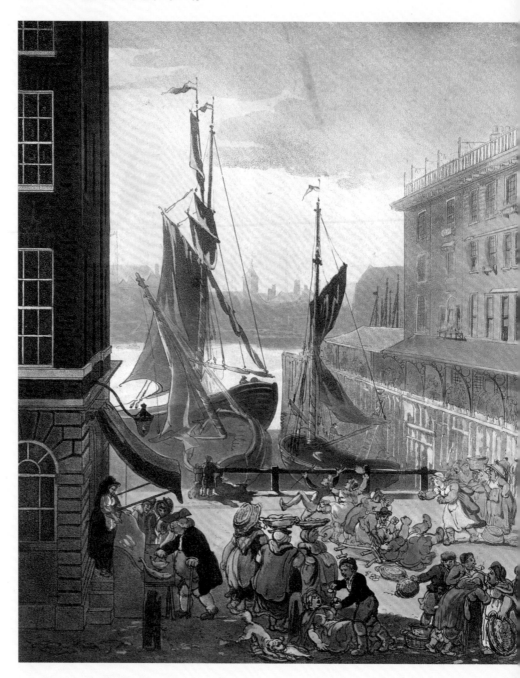

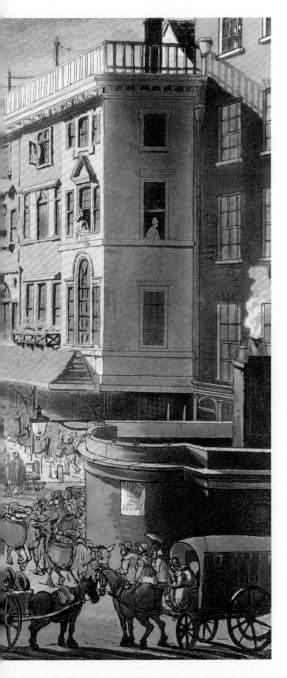

19世紀編年史家亨利·梅休（Henry Mayhew）記錄了倫敦的街頭景象，指出牡蠣買賣是倫敦其中一門最古老的生意，有人直接向停泊於比林斯蓋特（Billingsgate）的採蠔小船購買，也有小販沿街叫賣。

「停泊於碼頭旁一長排的採蠔小船被攤販暱稱為『牡蠣街』：俯望成排交纏的纜索和桅杆，甲板上男男女女擠成一團，一艘艘小船彷彿被壓得直往下沉，放眼望去盡是熱鬧繁忙的景象。每艘小船都掛了黑色招牌，繫著白圍裙的商販在『店鋪』走進走出，甲板上亮晃晃的白鑞壺和錫盤裡還留著商販的早餐廚餘……男子在貨艙中忙著用鏟子嘩啦啦翻動牡蠣堆，只見他頭上的紅帽子忽飛高忽竄低。每艘船的貨艙裡都有堆成灰黑小山般夾帶沙子的牡蠣堆，正中央放著一個容量為1蒲式耳（bushel）的桶子。」

有些酒吧為了鼓勵顧客多喝酒，會免費供應牡蠣。牡蠣殼可置於地板下方當成隔熱材料，也能混入石灰當成建設倫敦城的建材。

湯瑪斯·羅蘭森（Thomas Rowlandson），《比林斯蓋特市場》（*Billingsgate Market*, 1808）。

市。一「洗」（wash）或 1/4「桶」（tub）的牡蠣於 1703 年的賣價可達 3 英鎊，而採蠔船出海如遇豐收，一趟可帶回 120「洗」。荷蘭人出價最高，而且從荷蘭賺的錢多半不用繳稅。

牡蠣也可能是贓物。喬治四世（George IV）曾立法規定：「凡是偷取牡蠣苗者，皆應視為犯下竊盜罪。」1814 年在艾塞克斯，一名漁夫遭指控自契切斯特港口偷竊 3 加侖的牡蠣苗，他將牡蠣苗帶到科爾切斯特附近海面放生。該漁夫拒絕繳納 10 英鎊罰金並提出上訴，上議院後來裁定此案不成立，理由是「他的目的是保育，而非破壞」。

偷偷摸摸之舉成了一種生活方式。瑟堡（Cherbourg）一家酒館於 1768 年與英格蘭漁船合作，在一個月內走私了 200 加侖白蘭地。如果有可能遭到查緝，走私者會從船舷將盛裝貨品的木桶扔下海，木桶則會掛上油燈以便之後取回。船隻靠岸後，即使是平常正派可敬的惠斯塔布鎮民，也會毫不猶豫謊報逃稅。港口也常有人往來運送煤炭，很多運煤的手推車都經過改裝，底下設有偷運違禁品的夾層。

茶葉的關稅很高，因此成為熱門的走私品。鴕鳥羽毛則是另一項利潤極高的走私品。據說肯特一度出現太多走私琴酒，村民索性把琴酒拿來洗窗戶。只要能騙過海關，村民會不擇手段。

有些地處偏遠的牡蠣床就成了理想的走私地點，例如薩弗克的奧福德（Orford），奧德堡（Aldeburgh）的海關和搜索人員每週會前往此地巡邏兩次。直到 1856 年，仍有一名當地船長認為只要算好時間，在奧福德的港口待上兩天，就能完成進口貨物卸貨（可能是葡萄酒）以及出口至歐陸的一批新貨物上貨。奧福德的國王頭酒吧曾作為霍斯利灣（Hollesley Bay）所有商品暫放用的倉庫。霍斯利灣如今是一座開放式男子監獄。

牡蠣經由長途運輸送往英格蘭境內各地。普雷斯頓（Preston）在 1771 至 1841 年曾設立「牡蠣與乾豌豆俱樂部」。創始會員包括 12 名保守黨黨員和當地的小學校長，他們會聚在一起喝波特酒，大啖牡蠣和乾豌豆，此外顯然也會大開黃腔——由於會員言談太過粗鄙不雅，連當時的《普雷斯頓公報》（Preston Gazette）都認為對話內容不宜刊登。可想而知，運輸牡蠣的路線也成了夾帶貨品跨國走私的現成途徑。

醃牡蠣
PICKLED OYSTERS

此食譜出自 1615 年的《新烹飪指南》（*New Booke of Cookerie*），雖然使用較為古老的英文，但步驟簡單好懂，其中使用的辛香料在當時可能相當昂貴。

如何醃漬牡蠣

挑選數顆最碩大的牡蠣取肉，保留殼內的汁液並倒入一只有柄陶鍋，於鍋內加入半品脱白酒和半品脱白酒醋，再加入數顆胡椒粒和薑片。放入兩、三顆丁香之後加熱，小滾後放入牡蠣肉煮至冒泡兩、三次，不可煮太久。取出牡蠣肉，將煮過的汁液靜置放涼；待放涼後將牡蠣肉浸漬於汁液中，可保存整年之久。

五十多年後一本書名氣勢恢宏的工具書《優秀淑女熱愛的醃漬保存、烹飪廚藝與美容美體保健大全》（*The Accomplish'd Lady's Delight In Preserving, Physick, Beautifying, and Cookery*, 1675）收錄了一份將牡蠣醃漬保存待夏天食用的食譜：

如何將牡蠣裝桶保存

撬開牡蠣殼並瀝乾汁液，將牡蠣肉與適量上等白酒醋及少許鹽和胡椒混合；接著將牡蠣放入一個小桶，在桶中加滿前述的醃漬用醋汁，六個月內皆可保持牡蠣原本的鮮美滋味。

此幅 19 世紀初期雕版畫描繪走私船遭到緝私船追捕的情景。

為英格蘭料理辯白

英格蘭的料理相當鋪張奢華。18 世紀晚期諾福克（Norfolk）韋斯頓隆維爾（Weston Longville）一名教區牧師詹姆斯·伍佛德（James Woodforde）在日記中自述，他在 1788 年的聖誕節招待七名貧困的單身漢享用「烤牛肉和聖誕布丁——晚餐後再請喝一品脫濃烈啤酒」。但宴請親友時，牧師出手可是相當豪爽。1790 年 1 月 1 日的八人晚餐包含如下菜色：「鱈魚與牡蠣醬、豌豆湯、火腿與雞肉、水煮羊腿佐酸豆、烤火雞、炸兔肉、豬頭肉凍、塔派、碎肉餡餅等等。」

牡蠣在英國的大小酒吧和酒館是常見食物，通常連殼送上桌。倫敦東

區（East End）利物浦街車站（Liverpool Street Station）旁的「骯髒狄克」酒吧（Dirty Dicks）宣稱早在 1648 年即開始供應牡蠣，可說是最古老的牡蠣吧之一，不過現今是酒館而非牡蠣吧。

　　一般認為「生蠔司陶特」（oyster stout）最初的源起即為此時期的倫敦酒館。講到「生蠔司陶特」時通常會認為是指「生蠔」和「司陶特啤酒」，而非一種酒飲，但是小型釀酒廠成功研發出在原料中加入牡蠣甚至牡蠣殼的配方；如果是在鄉村自釀啤酒，想在愛爾啤酒裡加點營養的好料似乎也很合理。想要結合牡蠣和啤酒，另一種比較可行的作法是採用壓碎牡蠣殼作為過濾啤酒的濾材。

　　「司陶特」（stout）一字源自中古英語的「estout」，而「estout」則源自法國和日耳曼。健力士公司（Guinness）曾在行銷時運用牡蠣和啤酒的組合，以「健力士有多好喝，生蠔都自動開殼」為其廣告標語。馬斯頓（Marstons）生產一款品質極佳的「生蠔司陶特」啤酒，但其中不含任何牡蠣成分。所謂的「生蠔愛爾」（oyster ale）很可能是適合搭配生蠔這種酒吧小點的啤酒。

　　很多餐廳最早是以牡蠣吧起家，一直營運至今。倫敦傑明街（Jermyn Street）上的威爾頓餐廳（Wiltons）原本位於大萊德街（Great Ryder Street），他們宣稱是在 1742 年開業，自英王喬治三世（George III）在位開始後兩百年皆為白金漢宮的牡蠣供應商。

　　位在倫敦少女巷（Maiden Lane）的盧爾斯餐廳（Rules）於 1798 年創立，最初是一家牡蠣海鮮專賣店，現今提供最道地的英式料理。史維廷餐廳（Sweetings）最早開業時也是以買賣牡蠣為主，後於 1840 年轉型成為餐廳。惠勒斯餐廳（Wheelers）是由惠斯塔布的採蠔小船《泡泡號》（Bubbles）船長於 1856 年創立，於 1924 年遷移至蘇活區（Soho）的老康普頓街（Old Compton Street），後來重新整頓成為連鎖餐廳創始店。席奇海鮮餐廳（Sheekeys）和班特利海鮮餐廳（Bentleys）則較晚出現，分別於 1896 和 1916 年開業。

　　中世紀宴席會出現許多繁複費工的料理，諸如「牡蠣配炸雲雀和包心菜」和「炸蛙腿配牡蠣」。布丁料理內時常加入牡蠣，板油酥皮麵點也會

包入汆燙牡蠣、培根、洋蔥和巴西里拌成的餡料之後蒸熟。牡蠣殼內的汁水可以與蝦夷蔥和巴西里混合，再加入麵粉和奶油增稠後調製成肉汁。現今仍有人會製作「牛排牡蠣派」。回顧從前這種肉與魚類海鮮的組合，似乎是在慶祝吃魚日結束，也可能是在耍詐迴避教會的飲食規範——可以吃牡蠣派，只要沒人檢查派餡裡有沒有摻牛肉。

在美國料理中則可看到另一種常用的料理方法，即將圓麵包或長條麵包挖空填入餡料後放入烤箱烘烤，餡料的組成有時頗具異國風味，例如混合加鮮奶油煮過的牡蠣、愛爾啤酒或葡萄酒、小牛胸腺或其他小塊動物內臟、奶油及洋蔥。這種料理有點像餡餅或火鍋，最初可能是麵包店和熟食店的師傅為了用掉賣剩的麵包而發明。

馬可‧皮耶－懷特（Marco Pierre-White）於倫敦米拉貝爾餐廳（Mirabelle）擔任主廚期間精進了料理牡蠣的手法，設計出一道兼具簡約和細膩、令人驚豔的料理：洗淨的牡蠣殼鋪上燙菠菜，牡蠣肉浸於加了吉利丁的索甸甜白酒（Sauternes）略煮後再擺回殼上放涼，飾以法式酸奶油和魚子醬即可上桌。這是全世界數一數二的牡蠣食譜。

「帶卵」與「尼波金」

泰晤士河流域的採蠔人有他們自己的行話並深以為榮，相關字詞豐富且包含許多擬聲詞，例如「whitestick」表示牡蠣產卵，「hockley」表示已經開殼，「curdley」表示帶卵，「grandmother」、「clod」和「dumpy」皆表示情況不佳。「平房」（bungalow）指的是聚生在牡蠣床上的笠貝；「chitter」和「nun」指的是藤壺；「blubber」和「pisser」則是指海鞘。

不同的採蠔船也有不同的名稱。泰晤士河上來來回回載客載貨的郵輪稱為「hoy」，惠斯塔布的採蠔船泛稱「smack」，但通常還可分成兩種。雙桅輕便帆船（yawl）有主帆、上桅帆、前桅帆和艏三角帆，主要用來走私和採蠔，即使後來有了蒸汽引擎，船長在遇到潮水湧流時還是偏好只張開一面船帆。他們不會刻意操舵控制方向，而是順水漂流，帶動拖網從牡蠣礁表層拖曳而過。船順著潮水漂動時，拖撈到的牡蠣也會在船尾後方自

湯瑪士 · 奧斯汀的
中世紀牡蠣醬
THOMAS AUSTIN'S MEDIEVAL OYSTER SAUCE

此份 1440 年前後的中世紀食譜由湯瑪士 · 奧斯汀（Thomas Austin）於 1888 年謄錄而成，不論原本的形式或配方，至今仍然相當好懂且可圈可點。

「取上好的杏仁奶，加入葡萄酒和上好的魚高湯，置於爐火上煮至沸騰；加入丁香、肉豆蔻皮、糖和薑粉，再加一點氽燙過的洋蔥絲；取品質優良的牡蠣，放入乾淨水中略燙過，置入前述醬汁中一起煮至沸騰後即可上桌。」

烤羊肩排佐牡蠣
ROAST SHOULDER OF MUTTON WITH OYSTERS

1696 年出版的《婦女的責任義務》（*The Whole Duty of a Woman*）一書中提供了以明火烘烤較老的綿羊肉，並在下方放置托盤盛接滴下肉汁的作法。火烤的羊肉可能是先剖開來填塞牡蠣後再縫起。

「在羊肉內填塞個頭適中、味道強烈的牡蠣和味甜的香草植物，置於燒旺的明火前烘烤，於其上塗抹奶油，保留滴下來的肉汁，除去肉汁中的油脂後加入淡紅酒（claret）、胡椒和磨碎的肉豆蔻製作成醬汁，放上先前填塞於羊肉中的牡蠣，飾以巴西里和檸檬片後即可上桌。」

然浮上水面，「如同舀起浮在鮮奶表面的鮮奶油」。

　　漁獲重量的用語更是令人混淆——很可能是有意為之。從行話本身的豐富多變，就知道港口旁的漁獲交易是如何花招百出、詭計多端。國會於 1730 年代進行調查時就發現，相較於比林斯蓋特海鮮市場用於量度牡蠣的「蒲式耳」，「溫徹斯特蒲式耳」（Winchester bushel）的重量少了三分之一。另外，阿姆斯特丹的「一磅」重量比英格蘭的「一磅」多出 1 又 1/2 盎司（約 40 公克）。

　　海鮮市場的術語行話相當考驗腦力。在泰晤士河購買牡蠣苗的單位以「桶」計，一桶牡蠣苗等於一蒲式耳牡蠣苗，即 21 加侖 1 夸脫又 1/2 品脫。採蠔人將牡蠣苗賣給商販時還會使用「洗」這個單位，一洗為 1/4 桶。但一洗也等於一「配克」（peck），而一「尼波金」則是 1/16 桶，一「大桶」（bucket）則是 1/3 洗或 1 又 1/2 桶。這門生意不適合粗心之輩或無知的外行人：艾塞克斯的採蠔人為了保障自身工作權，於 19 世紀研擬制定了七年學徒制，已具備閉門工會的雛型，採蠔事業幾乎只在家族中傳承。

　　牡蠣批發和零售的術語也有所不同。商人會在裝成一籃籃的牡蠣上加封條，每一籃稱為一「刺」（prickle），表示半桶。但漢普郡（Hampshire）的溫徹斯特又有另一套用語，將兩夸脫稱為一「波脫」（pottle），而「波脫」原本較常用於蔬菜水果；諷刺的是，溫徹斯特市政府還曾於 1826 年針對一蒲式耳代表的確切重量作出裁決，而直到今日，英制蒲式耳與美制蒲式耳仍不相等。另一個量詞「中桶」（tierce）則借用自葡萄酒業，一中桶為 42 加侖。在比林斯蓋特海鮮市場，買賣魚類是以「尾」（tale）計算，只有鮭魚是秤重販售，而牡蠣、貝類和甲殼類則以前述度量衡單位計算。

　　直至今日，大眾看待牡蠣仍時常誤解，採捕的牡蠣是以英噸（ton）或蒲式耳為單位，環保運動人士評判牡蠣時是看幾公分寬，市場上實際買賣牡蠣則是以顆數來計算。

英國蘭開郡（Lancashire）一名戴圓頂硬禮帽的牡蠣商販售採自克利索普（Cleethorpes）的牡蠣，攝於約 1900 年。

情色與道德風俗

　　在英格蘭和蘇格蘭，年輕女孩會沿街兜售商品。但是賣牡蠣的小販很難保持潔淨，衣服會弄髒，雙手會被粗糙牡蠣殼割傷，全身上下還會沾染海鮮腥味。早在 1840 年代，攝影師大衛・屋大維・希爾（David Octavius Hill）和羅伯特・亞當森（Robert Adamson）就在蘇格蘭福斯灣（Firth of Forth）拍攝了漁家婦女的照片，她們肩頸裏著圍巾和披肩，身上繫著圍

牡蠣女和貌美少女

在 1755 年完成的《英語字典》（*A Dictionary of the English Language*）中，編纂者薩繆爾・約翰遜（Samuel Johnson）寫下「牡蠣女」在大眾心目中留下聲名狼藉的印象，而其他早期字典也指出色欲與牡蠣有所關聯。右頁帶有淫猥挑逗意味的美柔汀銅版畫（mezzotint）中，牡蠣女的名字「莫莉・密爾頓」（Molly Milton）由來很可能是產於英格蘭南部海岸的上等「密爾頓」牡蠣。倫敦各個公園曾傳唱一首某位喬丹太太（Mrs Jordan）編的曲子：「女孩來自格洛斯特（Gloucester），聰明機靈頗有姿色，沿街叫賣密爾頓牡蠣，輕鬆賺錢維持生計。」此幅銅版畫由卡林頓・鮑爾斯（Carington Bowles）委製和印行，鮑爾斯專門出版淫穢下流的諷刺圖畫，也首開帶有情色意味的海邊主題明信片及《今日娼妓的人生歷程》（*Modern Harlot's Progress*）等連環漫畫之先河。

賣牡蠣女的淫亂敗德之名在當時根深柢固。另有一齣創作年代不詳、可能源自愛爾蘭的綜藝歌舞表演經典曲目，場景有時宣稱在倫敦，有時宣稱在曼徹斯特，但很可能根據表演場地不同而改動。歌詞本最初於 1794 年以〈大吃牡蠣〉（The Eating of Oysters）為題印行，發行者是蘇格蘭史特靈（Stirling）的 M・蘭道（M. Randall），歌詞於每場演出時皆經過些微改動。

> 某天我走在倫敦街上，巧遇年輕貌美牡蠣女。
> 我提起她的籃子大膽一瞄，只想看看裡頭有沒有牡蠣。
> 「牡蠣，牡蠣，有牡蠣。」她說。「這是全世界最上好的牡蠣。
> 三顆要價一便士，但是免費送你，我看得出你愛吃牡蠣。」
> 「屋主，屋主，屋主。」我說。「附近可有空的小房間。」
> 我和貌美女孩進去坐坐，為這籃牡蠣講個好價錢。
> 我倆上樓一刻鐘還未到，
> 貌美女孩忽把房門一開。
> 她扒光我的錢直奔下樓，連那籃牡蠣也一起帶走。

1820 年之後在更遠的亞伯丁（Aberdeen）、薩默塞特（Somerset）甚至北卡羅來納（North Carolina），也出現了風格同樣插科打諢的歌詞本，曲名則略有不同，可能是〈一籃牡蠣〉、〈一籃雞蛋〉、〈她籃子裡的雞蛋〉或其他取自副歌的字句。牡蠣女給人的典型印象就是賣弄風情的騙子。

招徠顧客的場景 ——《貌美牡蠣女莫莉‧密爾頓》(*Molly Milton, the Pretty Oyster Woman,* *1788*)。

裙，穿著長及腳踝的條紋長裙和厚褲襪，頭臉包著白色頭巾，腰間垂著條紋雙層亞麻布籃筐。基於以上種種因素，牡蠣女即使真有什麼不軌意圖，也很難付諸實行。

有一點很古怪，儘管如此，牡蠣仍然成為最流行的珍饈佳餚。食用牡蠣時的吃相並不怎麼雅觀（就著外殼生吃），似乎與維多利亞時代追求循規蹈矩的理想有所扞格。根據美國社交禮儀指南的指示，宴客時應準備類似吐酒桶的籃子置於每名賓客座位兩邊的地板上，供賓客丟棄空牡蠣殼，並為賓客提供特別厚的擦手巾。在英格蘭的密德蘭（Midlands）也流傳類似的禮儀指示，建議主人全家等到僕人晚上休假時再吃牡蠣，以免淪為下人茶餘飯後閒聊的話題，還建議男士應該剝好餵給妻子。

過去十年已有相關科學研究，佐證為何牡蠣具有催情效果。牡蠣含有多巴胺，這種神經傳導物質能夠引發心跳加快的反應。佛羅里達州邁阿密貝瑞大學（Barry University）的化學教授喬治・費雪（George Fisher）則於 2005 年提出，牡蠣與其他貝類和甲殼類富含 D- 天門冬胺酸（D-aspartic acid）和 N- 甲基 -D- 天門冬胺酸（NMDA）等稀有的胺基酸，能夠提高人體的性荷爾蒙含量。

> 我們發現這些軟體動物的催情功效可能具有科學根據。我大感驚奇。數世紀以來民間口耳相傳，認為生吃軟體動物（尤其是吃生蠔）會讓人性欲旺盛，但過去一直沒有確切的科學證據可以解釋是否真的會發生此種現象及其成因。我們認為這可能是關於某些物質的第一項科學證據，它們不是大自然中一般常見的胺基酸，不是隨便走進哪家維他命專賣店就能買到。

蘇格蘭

牡蠣在蘇格蘭的歷史與在艾塞克斯同樣悠久。羅馬人也吃蘇格蘭產的牡蠣，從文獻中可知在古代波爾多即有人食用蘇格蘭牡蠣。約翰・貝倫登（John Bellenden）於 1529 年寫道：「福斯灣是另一個牡蠣盛產區。」根

希爾和亞當森攝，《賣牡蠣婦人》（*Oyster Woman*, 1843-1847）。

據鄉村紀錄所載，有些佃農繳納租金給地主時是以牡蠣替代，每月租金可折算成 40 至 500 顆牡蠣。愛丁堡牡蠣貿易的相關文獻紀錄可追溯至 13 世紀，其中紐黑文區（Newhaven）自 1510 年即擁有牡蠣採撈權。可採撈的牡蠣減少時，地方政府為了保障在地牡蠣資源，會想辦法削減出口至英格蘭以及丹麥或其他國家的龐大貨量。艾塞克斯的船隻前來盜採牡蠣時，蘇格蘭人會朝他們扔石頭。

蘇格蘭現今最大的牡蠣產區是斯特蘭拉爾（Stranraer）附近的萊恩湖（Loch Ryan），此地由威廉三世於 1702 年遺贈給華勒斯（Wallace）家族。湖上的牡蠣採捕業於 1910 年達到極盛，曾有三十多艘採蠔船同時在湖上工作，每年採獲的牡蠣多達 130 英噸。不時可見牡蠣女帶著籃牡蠣沿街叫賣。以下的歌謠就捕捉了這樣的風俗民情，牡蠣一詞採用蘇格蘭腔英語的簡稱「o'u」。

> 大夥晚間圍坐爐火旁；
> 美味海產牡蠣女奉上；
> 引吭高歌作樂尋歡，
> 遠遠傳來少女呼喊。
> 蚵仔！蚵仔！來買蚵仔！
> 來買蚵仔！福斯灣現採！

格拉斯哥（Glasgow）發展出以撈捕和叫賣牡蠣為主題的歌謠。以下這首〈拖撈歌〉（The Dredging Song）可確認是在 1850 年之前發源於紐黑文區。歌詞原文中第二和第四句句末「wind」和「kind」押韻的手法，幾乎就跟前面那首歌中將牡蠣簡稱為「o'u」一樣巧妙（除非「o'u」讀成「o」，意謂「oysters, for you」〔牡蠣獻給你〕）。

> 鯡魚喜歡明月光
> 鯖魚喜歡風吹過
> 牡蠣卻喜歡拖撈歌
> 因為牠們很溫柔。

卡爾・古索（Karl Gussow），《牡蠣女》（*The Oyster Girl*, 1882）。相較於希爾和亞當森拍攝的賣牡蠣婦女真人照片，呈現的是較為浪漫唯美的形象。

　　還有一名蘇格蘭子弟的成就也與牡蠣有關。查爾斯・達爾文（Charles Darwin）最早在愛丁堡大學進行演化相關實驗時，所用材料是在紐黑文區採集的牡蠣殼，實驗結果成為他後來發展物種演化理論的部分基礎。

榮枯興衰

　　建造出更大的船隻，採蠔人就能前往更遠處，出海時間也能更長，而在英吉利海峽還陸續發現新的牡蠣床。1797 年，三百多艘船自艾塞克斯、索爾海姆（Shoreham）、艾姆沃斯（Emsworth）和法弗舍姆出發，載運超過兩千人前往澤西島（Jersey）周圍撈捕牡蠣。及至 1823 年，採蠔船往返 70 趟運回艾塞克斯的牡蠣超過 80,000 蒲式耳。戈里港（Gorey）因為牡蠣貿易再次興盛，此地自鐵器時代即有人居住，且為阿摩里卡（Armorican）遺址最北端巨石遺址「丘阜堂屋」（La Hougue Bie）所在地。但由於漁民貪得無厭，新發現的牡蠣床在二十年內就在過度採撈之下耗竭。

　　艾塞克斯漁民格外需要牡蠣苗，他們會向北前往福斯灣或向西前往索爾威灣（Solway）。有些地方很歡迎他們帶來的好用貨幣，其他地方則未必友善，他們在進入蘇格蘭後為防遭到襲擊，甚至需要自備武器睡在船上。

　　英吉利海峽靠法國那側往外海更深的海床也有牡蠣，但有些深度達 24 噚（fathom）[3]。艾塞克斯之光船隊（the Pride of Essex Sail）旗下有 132 艘「一等」採蠔船，能夠在礁床上張開五張網口寬度達 1.8 公尺的拖撈網進行作業。在奧福德外海 180 公里處還有另一座著名的牡蠣礁，鄰近曾發生英國人屠殺荷蘭商人慘案的泰斯海林島（Terschelling）。泰斯海林島所在區域於北海向來以海象惡劣、危機四伏著稱，護衛艦《呂廷號》（*Lutine*）即在這一帶遇上風暴沉沒，船上的大鐘現懸掛於英國保險商勞合社（Lloyd's of London）總部。前往泰斯海林島附近海域採捕碩大牡蠣的艾塞克斯採蠔人所駕的拖撈船稱為「skillinger」，每次出海可能長達 20 天，有許多人為了採牡蠣而喪命。拖撈船《引導者號》（*The Guide*）於 1887 年創下紀錄，於一天之內撈捕了 49,000 顆牡蠣。

　　遲至 1911 年才有官方報告指出：「牡蠣的價值高於其他漁獲產品，至少有 25 個國家視為重要食物來源。」據估計全世界食用的牡蠣達到 100 億顆，有 15 萬人直接從事牡蠣相關產業，工作與牡蠣間接相關者則多達 50 萬人。

---

3. 編註：過去用於測量水深的單位，1 噚相當於 6 英尺或 1.8288 公尺。

烤雞填餡
STUFFING FOR A ROAST CHICKEN

在英格蘭常見以牡蠣作為烤雞或其他禽類料理的填餡,而早期前往加拿大和美國的移民也沿用了同樣的料理方法。不過在從前的年代,整道菜中最珍貴的部分並非牡蠣,而是雞或其他禽類,填餡的作用單純是增加菜餚份量,可供更多用餐者分食。

4 人份

- 6 顆牡蠣,刷洗乾淨
- 2 片硬實白麵包
- 煎炸用橄欖油
- 1 顆小洋蔥,去皮後切碎
- 1 塊雞肝

- 1 束(75-100 g)新鮮香草(巴西里、蝦夷蔥、龍蒿),切碎
- 1 顆蛋,打成蛋液
- 1 隻全雞(1.35 kg)

將牡蠣去殼後放入小平底鍋中,保留殼內汁液。以中火加熱至牡蠣肉質地變硬實,約需 1 分鐘。用剪刀將鍋裡的牡蠣肉剪成小塊。麵包置於中型碗內,將小塊牡蠣肉倒在麵包上。取一小醬汁鍋,放入洋蔥和橄欖油炒至洋蔥變軟,加入雞肝煮 3 分鐘。用剪刀將雞肝剪成小塊。將小塊雞肝和切碎的香草加入混合好的牡蠣肉和麵包。拌入蛋液。中型碗內混合好的填餡如果過稀,就再加一些麵包。將填餡揉成球狀後填入雞腹。如有多餘餡料,可置於全雞旁一起烘烤。

公子，要來點牡蠣嗎？

亨利‧佩里‧帕克（Henry Perlee Parker）是早期出身英格蘭東北部的傑出畫家之一，因擅長以豐富質地和生動色彩描繪航海和走私船主題，而有「走私者帕克」（Smuggler Parker）之稱。左圖是他為《牡蠣小販》（*The Oyster Seller*）所作的習作，捕捉一名少年享用牡蠣大餐的畫面。

帕克是 19 世紀知名畫家，先後在紐卡索和雪菲爾（Sheffield）工作，以寫實主義風格和對海港生活的描繪著稱。他晚年在倫敦的牧羊人叢林區（Shepherd's Bush）貧困潦倒而終，而其畫作如今在倫敦拍賣會上卻可開出一幅 3,000 英鎊的高價。

亨利‧佩里‧帕克，《牡蠣小販》習作，
19 世紀。

鐵路的興起

對於英格蘭牡蠣產業和濱海地區居民的生活，19世紀的兩件大事帶來了無可回復的改變。兩件大事看似為貧困的濱海居民帶來進步的科技，但就牡蠣和依賴牡蠣產業維生者的角度來看，卻是關鍵的轉捩點。其一是鐵路的興起，在某些城鎮甚至有鐵路直通碼頭；其二是採捕牡蠣的工業化。在鐵路和公路於1900年前後開始發展之前，人群聚居地零落分散，經濟條件普遍不佳。各地的牡蠣床產量足以養活當地的小型社群，由於只進行最低限度的採撈，牡蠣床也能依循自然規律休養生息。即使會將牡蠣賣到大城市如倫敦，南安普敦、布里斯托（Bristol）、格拉斯哥和愛丁堡，通常由採蠔人自行駕船販運，仍能自律且量力而為。鐵路造成以陸地為基礎的組織崛起，討海人和海洋的影響力從此不復存在。

因應市場忽然出現的蓬勃需求，大量牡蠣遭採撈後運往內陸城市。此前沿海地區僅有鄉間漁農市集，沿海地區走私活動頻繁，呈現近乎獨立無政府狀態，而隨著鐵路運輸發達，都市化計畫應運而生。在以前遭人忽視的地方，政府開始規畫建設新城市。開通的鐵路帶來了更多人潮和錢潮。盛產牡蠣的小海灣皆是寶貴資源，自然會被納入新的都市化網路。

威爾斯的斯萬西於1817年獲選成為首條載客鐵路的終點站之一，一度成為仕紳階級熱愛的度假勝地，贏得「海邊的巴斯」（Bath by the Sea）之稱，不過此地其實是因為盛產煤、銅、鐵、錫和鋅、牡蠣貿易及國際航運而興盛。此地與牡蠣有關的優勢於新石器時代就備受珍視，到了19世紀皆可名正言順予以掠奪和工業化。這就是現代世界。

17世紀的斯萬西採蠔人仍駕著划艇拖撈牡蠣，但開通鐵路之後，當地人將划艇改裝為輕艇（skiff），每艘下方都裝設了拖撈網，同時有多達180艘艇在海灣進行拖撈。每艘輕艇上有三名船員：兩名成年男子撒網，一名少年掌舵。

艾塞克斯人遠赴各處尋找牡蠣，威爾斯人則向他們學到如何培育牡蠣。在布里斯托打造的一種特製帆船主要用於拖撈牡蠣，後來得名「曼博蜂」（Mumble Bee）。1871年時威爾斯的牡蠣產業從業者多達600人，自

斯萬西海灣（Swansea Bay）和高爾半島（Gower）海床採撈的牡蠣達 1,000
萬顆。

　　鐵路龐大、貪婪且飢渴，一如城市的市場需求。短短數天之內，就有
數百萬顆牡蠣被人從海裡撈起送往市場。繁榮有時，衰敗亦有時。人類像
開採煤礦一樣採撈牡蠣，但沒有任何天然資源禁得起無止無休、無所節制
的機械化濫採濫撈。

　　從事牡蠣產業的人數急速增長。惠斯塔布的採撈牡蠣公司最初在 1793
年由 36 人共同組成，到了 1866 年已增員至 408 人，其中超過 300 人仍在
工作。科恩（Colne）有登記的從業人員於 1807 年為 73 人，1857 年已增加
至超過 400 人。這些人員很可能是船東，因為從其他文件紀錄可知，1836
年前後有 2,500 人在艾塞克斯周邊水域進行拖撈作業，而 1844 年在科恩則
有 500 艘漁船和 2,000 名採蠔人，還未計入相關產業的其他眾多人員。

天大災難

　　牡蠣產業的興旺，吸引了更多人前來碼頭生活，也表示需要更多的住
屋。民眾產生的生活廢棄物向來是直接丟入海裡讓海水沖走。1850 年代中
葉的都市規畫專家甚至疑似相信生活廢棄物可以滋養牡蠣床，某些地區的
地方政府也相信，牡蠣既然能過濾雜質，同樣也能濾除這些廢棄物。汙水
管線出海口的選址，似乎經常就落在牡蠣床所在地。

　　艾塞克斯牡蠣產業的發展在 1894 至 1895 年臻於頂峰，兩年的撈捕量
分別為 270 萬顆和 300 萬顆，但毀滅的種子已經埋下。1895 年的公開調查
發現，在多座位於出海口、盛產優良牡蠣的小港灣，皆有未經妥善處理或
完全未處理的汙水大量流入。傷寒疫情爆發，汙染源是產於科爾切斯特外
海之布賴特靈西小港灣的牡蠣。傷害已經造成，大眾開始質疑該地的牡蠣
品質。

　　漢普郡艾姆沃斯面臨的情況更為嚴峻。數世紀以來，樸茨茅斯
（Portsmouth）附近的艾姆沃斯和沃布林頓（Warblington）皆為牡蠣產地。
1788 年時當地有十多名資深採蠔人，拖撈的艾姆沃斯牡蠣產量為 7,000 蒲

式耳。牡蠣豐收的同時，造船業也欣欣向榮。當地牡蠣資源逐漸枯竭之後，採蠔船轉往法國帶回牡蠣苗養殖在村裡的碼頭附近。當地居民約 3,000人，1901 年時有 300 至 400 人皆從事與牡蠣直接相關的行業。

　　港口附近住家的汙水從以前向來是直接排入海中，髒汙物會在退潮時被潮水帶走。艾姆沃斯是最早整合汙水管線的城鎮之一，而未經處理的汙水就直接排放至沿海的牡蠣床分布區。1902 年 11 月 10 日於南安普敦和溫徹斯特各舉行了一場宴席，兩場的餐點皆有艾姆沃斯牡蠣。所有吃了艾姆沃斯牡蠣的賓客都身體不適，而溫徹斯特有四名賓客後來病重不治。艾姆沃斯當局於是封閉牡蠣床，他們似乎不再熱中推動牡蠣產業，封閉牡蠣床是最快速的解決方案——比起因為汙水汙染牡蠣床而遭採蠔人申訴，或更糟的是可能遭控告毒害民眾，無疑是便宜行事的選項。

　　英國法律的古怪又不合時宜再次表明，造成汙染者不需要試著解決真正的癥結，也就是地方政府自己建置的汙水系統，政府只要訴諸公衛法規就能抹煞問題。採蠔人面對的政府當局既是加害者，也是法官兼陪審團。地方政府以公共衛生安全為由封閉牡蠣床——永久封閉不再重啟。

牡蠣產業步向衰敗

　　除了疾病之外，泰晤士河出海口的牡蠣產業也受到其他因素影響，最著名的是作為船隻底部塗料的三丁基錫化合物（tributyltin），這種化合物會造成牡蠣苗死亡，影響牡蠣族群的正常發育。英國政府受到遊艇業團體的遊說施壓，在法國和加拿大立法禁用三丁基錫多年之後才跟進。比起討海為生的採蠔人，遊艇船東在政壇更具影響力。

　　在 1920 和 1930 年代，泰晤士河的牡蠣看似蓬勃生長。接著大自然的力量介入。1929 年、1940 年和 1947 年遭遇嚴寒，泰晤士河結冰，數百萬顆牡蠣凍斃。1953 年發生暴潮，艾塞克斯和肯特郡的牡蠣床有大量泥沙淤積，生態遭到重創。最後，1963 年的隆冬酷寒造成派弗里（Pyefleet）損失八成五的優良牡蠣，在科恩更有九成的牡蠣凍斃。惠斯塔布皇家牡蠣漁產公司（Whitstable Royal Oyster Fishery Company）於 1975 年的紀錄顯示，公

於康沃爾赫爾福（Helford）進行採撈作業的採蠔人，攝於 1950 年代。

司自 1928 年起就未曾獲利。法弗舍姆的牡蠣床則遭上游造紙廠排出的逕流廢水汙染而受到重創。

接著在 1980 年代爆發了新的寄生蟲疫病，「牡蠣波納米亞蟲」（*Bonamia ostreae*）會在牡蠣成熟進入繁殖期時殺死宿主，歐洲各地皆傳出嚴重災情，英格蘭東部海岸的牡蠣產區更是疫情重災區。

艾塞克斯當地牡蠣非死即病，只能寄望還有一些休眠的牡蠣能夠在未來奇蹟般地絕境逢生，此後科爾切斯特販售的牡蠣大多是從外地進口。馬爾頓仍是英國南部最大的牡蠣產地，但現今所產的大多是較不易感染寄生蟲的太平洋牡蠣，僅剩西梅爾希海邊的小屋餐廳（the Shed）仍提供少量當地原生牡蠣。現在當地所產的牡蠣可能是在其他地方繁殖，在販售前才帶到艾塞克斯養殖數個月。康沃爾赫爾福的牡蠣床自 1920 年代起細心經營，牡蠣養殖量達到 800 萬顆，卻在 1980 年代初期遭到牡蠣波納米亞蟲疫情摧毀殆盡。

英國南部現存最大的野生原生牡蠣床位於索倫特海峽（Solent），但

買賣量不大且主要供學術研究。此處的牡蠣床位在海中較深處，還沒有牡蠣波納米亞蟲入侵，但在同一塊海域還有逐漸蓬勃的遊艇業和巨大油輪進出，採蠔船必須和他們爭奪空間。

牡蠣復興

　　劍橋大學經濟學者羅伯特・尼爾德（Robert Neild）於 1995 年出版的《英國人、法國人與牡蠣》（*The English, the French and the Oyster*）以一段訃告開場：「牡蠣如今在英格蘭簡直稀有，出了倫敦數間酒吧就很難看到。」此言在當年真確無誤，但並非事情全貌。此處其實同時討論到兩件事。一是英國原生牡蠣自百年前即一直面對同樣的威脅，除非我們認知到事態的嚴重性，否則原生牡蠣終將消亡。二是以新科技養殖太平洋牡蠣，牽涉的變數更多，但與前者應分開討論。超市已經重新上架和販售牡蠣，貨源主要來自蘇格蘭，而蘇格蘭的湖灣很可能成為重要的牡蠣養殖場。

　　牡蠣近年不再出現在傳統的通路，而是在高級餐廳菜單上華麗現身。兜售牡蠣的攤販或魚販可能逐漸絕跡，取而代之的是直接為高級餐廳供貨的牡蠣養殖場。

　　官方統計數字仍預設大街上滿是魚販、肉鋪、烘焙坊和蠟燭匠，占有一席之地的餐廳經濟卻顯示了官方數據並不可靠。老派的批發價是以英噸、蒲式耳和加侖來計算。因此舉例來說，愛爾蘭的交易量是每年 8,000 英噸，產值約為 1,600 萬歐元。但這樣的基本經濟數字，並未考慮將牡蠣送到現代市場實際上會用到的基礎設施帶來的影響。考量每公斤牡蠣平均為 20 顆，1 英噸的產值其實應該以 4 萬歐元來計算，因此牡蠣真正的產值應為每年 3.2 億歐元。再算上現在的 20% 增值稅（VAT），無論最終在哪一國銷售，對該國來說就是 6,400 萬歐元的國庫收入。如果生產的牡蠣大多外銷，那麼別國政府就會獲得一筆意外之財。從國家的角度來看，牡蠣是國家的資產，而牡蠣經濟無疑能貢獻國庫。

　　或許有人會說無論人民吃什麼食物，國庫都能課徵稅金，某些情況下確實如此。如果退一步去看食物鏈的下一級，可以說牡蠣貿易就像一座果

肯特郡惠斯塔布海岸一隅及惠斯塔布牡蠣公司（Whitstable Oyster Company）。

園，擁有果園就有很多可能的銷售管道。實際上，如果餐廳菜單上沒有牡蠣，前菜就有可能是進口的蝦子、鵝肝、萵苣或其他食材，或許不影響國家收到的增值稅，但對於被排除在這個經濟圈之外的本國人民來說，卻會造成很大的影響。表示我們無法投資自己居住的地方或參與其中，只是成為另一個羅馬帝國的奴隸。

分封的爵位領地或許有所變動，但是權力和稅收並未下放給沿海產牡蠣的城鎮如科爾切斯特、紹森或法弗舍姆，而是向上集中由中央政府掌握。

數個牡蠣產區開始自己經營餐廳，其中最早的一家是薩弗克的巴特里‧奧福德牡蠣餐廳（Butley Orford Oysterage），惠斯塔布牡蠣公司則是在 1990 年代初期開張，也重新帶動碼頭區的人潮和商機；螃蟹屋（Crab Shack）接手經營亞波茨伯里的牡蠣床；牡蠣商萊特兄弟（Wright Brothers）在倫敦開了三家牡蠣吧，並簽約租下康沃爾已岌岌可危的康沃爾公國（Duchy of Cornwall）牡蠣產區。最廣為人知的是費恩湖海鮮餐廳（Loch Fyne），最初只是費恩湖畔的小茶館，如今已是在英格蘭多地皆有分店的連鎖餐飲品牌。

其他餐廳對於推廣牡蠣也有推波助瀾之功：泰倫斯‧康藍爵士（Sir Terence Conran）旗下集團在夸利諾餐廳（Quaglinos）重現具有象徵意義的生猛海鮮吧；名廚馬可‧皮耶－懷特（Marco Pierre White）在聖詹姆士（St. James's）買下惠勒斯餐廳；老牌的常春藤餐廳（The Ivy）前主廚馬克‧希克斯（Mark Hix）則將自己新開的餐廳命名為希克斯牡蠣與牛排館（Hix's Oyster & Chop House）。於是牡蠣另闢蹊徑，慢慢融入了都市文化。

文學中的牡蠣

每個時代的語言各有獨特的語調變化和思維洞見。喬叟（Chaucer）的作品中提到牡蠣，莎士比亞在多部劇作中更巧妙運用牡蠣的意象，例如喜劇《溫莎的風流婦人》（*The Merry Wives of Windsor*）中的角色掌旗官皮斯多（Pistol）宣稱：「世界是我的牡蠣，任我用利劍撬開。」日記作家山繆爾‧皮普斯（Samuel Pepys）則在 1660 年某趟航程中寫下：

> 下午時船長會想盡辦法邀我到他的艙房，然後拿出一桶醃牡蠣招待我大吃一頓。

從數天後的日記內容可知，皮普斯不太適合搭船出航，不過牡蠣倒是公認可治療暈船的聖品：

白奶油醬牡蠣寬扁麵
OYSTERS , TAGLIATELLE , BEURRE BLANC

　　此道開胃小點上桌時會將料理好的牡蠣肉放回殼裡，是英國主廚馬可‧皮耶－懷特最早於倫敦宛茲沃斯（Wandsworth）開設之哈維餐廳（Harvey's）的一道招牌菜色。皮耶－懷特主廚以此道菜一舉成名，他後來在倫敦海德公園飯店（Hyde Park Hotel，現已更名）擔任主廚時曾重新調整配方。白奶油醬（beurre blanc）是一種源自法國羅亞爾河谷（Loire）的醬汁。

4 人份前菜

製作醬汁：
- 2 顆紅蔥頭，去皮後切碎
- ¼ 杯（60 毫升）白酒
- ¼ 杯（60 毫升）白酒醋
- ½ 杯（115 克）冰涼奶油，切成小塊

- 半根小黃瓜，切成類似寬扁麵的細條
- 16 顆牡蠣，刷洗乾淨
- 115 克新鮮寬扁麵
- 魚子醬（可加可不加）

　　首先製作白奶油醬。將紅蔥頭、白酒、白酒醋和適量的水放入小平底鍋，以中火加熱，煮至幾乎收乾。分次拌入奶油，每次加一小塊，攪拌出類似卡士達醬的乳狀醬汁。將製作好的醬汁保溫。將小黃瓜去皮，削切成類似寬扁麵的細條，放入沸水中汆燙 30 秒。汆燙過後瀝乾靜置。將牡蠣去殼，放入沸水煮 1 分鐘，煮好後靜置。將牡蠣殼內外清洗乾淨。在中型醬汁鍋裡加滿水並用大火煮沸，煮好份量足夠的寬扁麵，用叉子捲起份量為一口可食的麵條置於牡蠣殼內。用小叉子將牡蠣殼內的寬扁麵略捲起成團狀。將牡蠣肉擺放於麵條上，並灑上小黃瓜條裝飾。用湯匙舀白奶油醬澆淋其上，最後可視個人喜好加魚子醬點綴。

我開始頭暈想吐。晚餐前，金主老爺派人要我過去吃點牡蠣，說
是他這輩子吃過最美味的牡蠣。

坊間流傳愛爾蘭諷刺作家強納森‧綏夫特（Jonathan Swift）曾說過一
句詼諧妙語：「第一個吃牡蠣的人肯定膽識過人。」綏夫特的語錄中不乏慧
黠妙語，不過這句卻是引用自湯瑪斯‧富勒（Thomas Fuller）所著的《英格
蘭名人史》（*The History of the Worthies of England*），此書於 1662 年出版，
比綏夫特的年代早了 40 年，書中記載說此話者為詹姆士一世（James I）。

查爾斯‧狄更斯在作品中也常提到牡蠣。以下這段出自《匹克威克外
傳》（*The Pickwick Papers*）的對話就勾勒出當時大眾相當熟悉的泰晤士河
畔場景：

> 「貧窮和牡蠣似乎總是形影不離，先生，此種情況實在值得注
> 意。」山姆說。
> 「我不明白，山姆。」匹克威克先生說。
> 「我的意思是，先生，」山姆說，「一個地方愈窮困，對牡蠣的
> 需求似乎就愈高。先生您看這裡，每隔五、六戶就有一攤在賣牡
> 蠣，滿街都是牡蠣攤。哎呀，我還真的很難不去想說，窮得不得
> 了的人是不是每隔一陣子，就急急忙忙從住處衝出來大吃牡蠣。」

在路易斯‧卡洛爾（Lewis Carroll）名著《愛麗絲鏡中奇遇》
（*Through the Looking-Glass*, 1871）裡，雙胞胎崔德兄弟（Tweedledum and
Tweedledee）背誦了一首詩〈海象與木匠〉（The Walrus and the Carpenter）
給愛麗絲聽，詩中描述海象和木匠遇到一群牡蠣，邀請牠們一起散步。年
幼牡蠣天真好騙，不顧年長睿智的牡蠣極力反對，「蹦跳著穿越浪花，爭先
恐後上了岸。」卡洛爾如此形容這群牡蠣：

> 外套撣撣臉洗洗，
> 鞋子整齊又乾淨──
> 怪的是你也知道，
> 牠們根本沒長腳。

約翰‧坦尼爾（John Tenniel）繪製之 1871 年版〈海象與木匠〉插圖（原著作者路易斯‧卡洛爾）。

　　年幼牡蠣確實應該聽從老一輩的警告，因為海象和木匠很快就展露他們真正的意圖：

「我們呢，」海象說道：
「只需要麵包一條，
最好再來一點醋跟胡椒——
親愛的牡蠣準備好，我們要開動吃頓飽。」

荷蘭及荷蘭繪畫巨匠

　　牡蠣在荷蘭沿海、法蘭德斯、德國北部和比利時皆很常見，分布於全長 800 公里的瓦登海（Wadden Sea）沿岸的這些地區，各自發展出不同的牡蠣文化。即使如此，牡蠣仍然成為炫耀財富用的高級進口貨，也是其中一種價格最為高昂的珍饈美味，並因此成為廣為運用的珍貴象徵。畫作中如果出現牡蠣，必定與昂貴水果、野味、精緻費工的麵點、稀奇的進口玻璃或陶瓷器皿，或來自遠方的珍貴布疋並置。此種描繪某方面是因為中產階級受益於港口貿易，生活變得富裕優渥。對於歐洲內陸的富裕中產階級而言，牡蠣同樣珍貴且帶有異地風情。另一方面，描繪牡蠣是一種藝術手法，目的在於呈現新鮮或時間流逝之感。當時歐洲不少傑出畫家皆以描繪牡蠣的畫作奠定名聲，因畫牡蠣而成名者多得驚人。自 17 世紀初期開始，靜物畫派發展之昌盛可說空前絕後，背後動機可能也有很務實的一面——畫好以後也許還能把眼前的食物拿來填飽肚子。

　　靜物畫主要流行於尼德蘭北部（荷蘭）和西屬尼德蘭（Spanish Netherlands）的安特衛普（Antwerp）、密德爾堡（Middelburg）、哈倫（Haarlem）、萊頓（Leiden）和烏特勒支（Utrecht）等城市，一般認為原因是荷蘭和法蘭德斯社會逐漸都市化，民眾開始注重居家和物質生活、商業貿易和知識學養，也就是日常生活以至休閒娛樂的各個層面，而所有相關的商品紛紛運抵港口。亞伯拉罕・凡・貝耶倫（Abraham van Beijeren）、弗洛里斯・凡・司豪頓（Floris van Schooten）、弗蘭斯・史奈德（Frans Snyders）、揚・凡・克索（Jan van Kessel）、老歐夏斯・畢爾特、彼德・克拉斯（Pieter Claesz）、揚・戴維茲・德希姆、克拉拉・彼得斯（Clara Peeters）及其他畫家皆在畫作中刻意呈現牡蠣。靜物畫派作品可分為三大主題：宴會、廚房和早餐。畫家選擇在畫面中呈現的物品可能帶有某種寓意，也可能是刻意展現奢華富裕的景象。

　　彼德・克拉斯喜歡描繪用餐者顯然中途離席的場景，或許是在暗示用

威廉‧克拉斯‧赫達（Willem Claesz. Heda），《牡蠣、大酒杯、檸檬及銀碗靜物畫》（*Still Life with Oysters, a Rummer, a Lemon, and a Silver Bowl*, 1634）。

餐者富甲一方，不需要自己清理杯盤狼藉的桌面？又或者畫家是在用餐時間結束後才獲准進入作畫？克拉斯最初是重要的早餐靜物畫家，但後期則熱中繪製場面奢華的大幅宴會靜物畫。他有一幅早期畫作僅簡單描繪桌上的牡蠣、高腳杯和吃剩一半的麵包，1647 年的畫作《牡蠣填餡烤閹雞》（*Roast Capon with Oyster*）呈現的卻是奢華宴席。

　　威廉‧克拉斯‧赫達同樣屬於「早餐靜物畫家」或所謂「輕食畫作」（Ontbijt）流派，他的《牡蠣靜物畫》（*Still Life with Oysters*）在素材挑選上更顯得品味不凡（畫面中出現火腿、碎肉餡餅和牡蠣）。對一些畫家來說，製作餡餅跟繪畫一樣需要巧妙技藝——由此可推測當成創作題材的食物或許也算是給畫家的報酬。

　　揚・戴維茲・德希姆（1609-1684）的作品也相當出色，例如 1640 年完成的《玻璃杯與牡蠣靜物畫》（*Still Life with a Glass and Oysters*）同時呈現了牡蠣、葡萄酒、檸檬及葡萄。亞伯拉罕・凡・貝耶倫在選擇作畫題材時則相當節省，多半只有一顆柑橘、圓麵包和數顆牡蠣。

　　弗蘭斯・史奈德曾向小彼得・布勒哲爾（Pieter Brueghel the Younger）拜師學藝，出師後於 1602 年加入聖路加公會（Guild of St. Luke），他曾在義大利待過一陣子，後於 1609 年定居安特衛普。畫室生意興隆，只要有新房子落成，就有新的委託案上門，同行之間也會在趕工時彼此支援。彼得・保羅・魯本斯（Peter Paul Rubens）、安東尼・范・戴克（Anthony Van Dyck）、雅各・約丹斯（Jacob Jordaens）和科內利思・德・沃斯（Cornelis de Vos）等畫家皆曾請史奈德協助繪製自己作品裡的動物圖像。

　　史奈德的畫作《食品儲藏室》（*The Pantry*）描繪偌大宅邸中的廚房景象。畫中的女僕（她可能也曾為科內利思・德・沃斯擔任模特兒）端著的托盤裡擺滿鵪鶉，最上方還放了一隻雉雞，她望向一張擺滿食材的大長桌。整個畫面呈現不同層次的構圖：以雙翅展開的白天鵝為中心；旁邊是一隻去除內臟、後腿遭鉤住倒吊的雄狍（roebuck）；龍蝦、孔雀和一些鳥禽零散分布於周圍；堆了滿滿一筐柳條籃的水果；銅盆內裝滿切好的肉塊；上方架子上吊掛了兩塊鮭魚排、鳥禽和兩隻野兔；左側前景可看到置於板凳上的一盤牡蠣。有一隻貓準備從盛裝菜餚的盤皿裡偷魚，還有一隻狗盯著女僕——與死掉的動物形成強烈對比。史奈德的另一幅靜物畫中就只有四種食材：一隻雄狍、一隻大龍蝦、一盤牡蠣，以及一隻吊掛著的野禽，其龐大體型連雄狍都相形見絀。他後來還繪製了多幅題材和場景相似但加入一些變化的畫作，全都是擺滿各種食材的奢華場面，畫面中往往少不了牡蠣。

　　老歐夏斯・畢爾特的作品更加著重細節描繪。從 1620 年前後完成的《菜餚與生蠔、水果及葡萄酒》（附圖見第 7 頁），可看出他似乎想呈現美麗富饒的世界。一只白鑞大盤上放了 11 顆開殼牡蠣，呈現寫實的視覺效果，附近則擺放兩顆貝殼，強調桌上以昂貴器皿盛裝的菜餚皆是稀有珍饌。前景中的明萬曆瓷碗盛裝了以金箔裝飾的奢侈甜點，另外兩只明朝瓷

弗蘭斯・史奈德繪，《食品儲藏室》（局部），1620 年。

碗裡的葡萄乾、無花果和杏仁果多到幾乎滿出來。畫面中央則放了一只有底座的瓷皿，盛裝著染成黃、粉紅或綠色的糖漬肉桂皮和糖漬杏仁果。在造型簡約的圓形木盒中，則是特殊節慶才能享用的榲桲果醬，從畫中還可看到透明的威尼斯手工玻璃杯壺中盛裝了紅酒和白酒。畢爾特和同時代許多畫家一樣，從比較高的視角來描繪，盡量避免精緻的食物在畫面中相互重疊，看起來反而如同精巧的珠寶。

荷蘭靜物畫

「貓贓俱獲」——克拉拉‧彼得斯，《鯉魚、牡蠣、螯蝦、擬鯉與貓靜物畫》（*Still Life with Carp, Oysters, Crayfish, Roach, and a Cat*, 1615）。

一千五百多年來的歐洲繪畫皆以宗教為主要題材，但在歐洲北部的小國，畫家忽然開始熱中描繪世俗之物。為何出現如此轉變？17 世紀上半葉是基督宗教出現新發展的重要時期，大眾仍然十分虔誠。在這樣的時代氛圍中，荷蘭社會開始接受神以外其他事物也值得畫下來的想法。但是什麼人這麼有勇氣，率先委託繪製一幅非宗教題材的畫作？或許只是因為荷蘭人受惠於帝國擴張，忽然變得富裕且世俗化。

由於女性較常接觸食物，克拉拉・彼得斯和一些女子開始挑戰向來只有男子從事的畫家行業。她的畫作色調豐富且優雅雋永，展現端莊合宜的居家場景，細膩的描繪更讓觀者留下深刻的印象。從她描繪魚貝海鮮和貓的靜物畫中，可以清楚看到精細描繪的不同質地：黏滑的魚鱗、上了厚釉的黏土及貓的毛皮，開啟的粗糙牡蠣殼則和盛放牡蠣的光亮白鑞盤皿形成鮮明的對比。畫面中也有暗示動態張力的細節：貓用前腳緊緊踩住小魚，雙耳則朝後轉保持警戒以防遭到攔截。

法蘭西愛欲和美食

　　法國沿海多地皆盛產牡蠣，語言中更展現了對牡蠣的浪漫真情。表示「鰓病」的法文詞語「maladie des branchies」唸起來有押韻，而表示「貝類養殖學」的「conchyliculture」唸起來像在玩繞口令，都帶有一種專屬法語的趣味。法文中還有許多與牡蠣有關的字詞如「détroquage」（牡蠣苗移植）、「ambulance」（牡蠣籠）、「vagabondage」（牡蠣苗浮游期）和「roudoudou」（專吃牡蠣的一種海螺；貝殼糖），不僅發音令人叫絕，而且幾乎不需要解釋就能聯想字義。

　　在法國詩人拉封丹（La Fontaine）的古老寓言故事集中，牡蠣在兩則故事裡扮演要角：一則故事講述一隻老鼠被困在牡蠣殼裡；另一則故事講述兩名朝聖者爭論誰可以吃掉那顆他們找到的牡蠣，他們請一名路人來評理，而路人卻自己吃了那顆牡蠣！

　　法國西北部的康卡勒（Cancale）自許久以前就以盛產牡蠣著稱。由於距離巴黎不算太遠，商人能夠將康卡勒的牡蠣經由海路、塞納河或陸路運往巴黎販售，走陸路時是用以四匹馬拉動的大車輪開放式馬車載運。法蘭索瓦一世（Francis I）於 1545 年頒賜某個地方「城鎮」（ville）地位，該地則以為王室供應牡蠣作為回報，這種王室贊助方式頗具羅馬帝國風格。產於康卡勒的牡蠣在送到市場販賣前，幾乎皆會經過兩或三次轉運。位在康城北邊的濱海庫爾瑟勒（Courseulles-sur-Mer）即為轉運站，由此地將牡蠣運往巴黎需要七天，加急運送可縮減至三天，從迪耶普出發則為 40 小時，取道塞納河運送則需時過久。一千顆牡蠣在康卡勒的賣價為 3 法郎，到了濱海庫爾瑟勒要價 9 法郎，運到巴黎要賣 35 法郎。

　　在 1700 年之前還未發生過牡蠣短缺問題，但法國在 1680 年前後就已制定採撈淡菜的法規。到了 18 世紀中葉，法國海軍曾奉派前去調查牡蠣暴斃事件，並頒布詳細規範由地方司法人員執法。每年 4 月 1 日到 10 月 15 日夏季期間禁止撈捕。採蠔人每年應自行探勘並回報可採撈和不予採撈的

> 送上桌的奧斯滕德牡蠣細緻肥美，宛如殼中的嬌巧耳朵，入口即於上顎
> 和舌頭間融化，彷彿鹹味的夾心糖果。
>
> 　　　　莫泊桑（Guy de Maupassant），《漂亮朋友》（Bel Ami）

牡蠣床，再由所有採蠔人投票表決。最著名的一項規定是要求所有採蠔人
約好時間同時出發採撈牡蠣，於港口集結的船隊（caravanne）有時陣容相
當浩大，陣容最壯盛時有多達 400 艘船和近 3,000 名採蠔人。

　　在這樣的採撈管制之下，牡蠣採撈量節節攀升，19 世紀時已達到每年
3,300 萬顆，1847 年時僅康卡勒一地的全年產量就高達 5,600 萬顆。

　　康卡勒的漁民以勇悍著稱，男人大膽前往紐芬蘭島（Newfoundland）
捕捉鱈魚，一出海就是數個月後才回來，牡蠣養殖作業就交由留在鎮上的
老弱婦孺。布列塔尼其他鄉下地方則大多貧困，近海漁業是維持生計所
需，在各地的歷史上也扮演不可或缺的角色。各地對於採撈牡蠣的經營皆
相當積極，會打造採牡蠣專用的「比斯開船」（bisquine），這種平底船有
四面大帆，會採用尺寸達 33.45 平方公尺的超大船帆以借用最大風力。

　　在聖馬洛（St. Malo）所在岬角另一側，聖米歇爾山（Mont St.-
Michel）周圍海灣的潮差最大可達 14 公尺，此處生產的牡蠣也特別鮮美。康
卡勒牡蠣自古以來即大受歡迎，在羅馬曾挖掘到來自康卡勒的牡蠣殼，法
王路易十四（Louis XIV）下令每天皆須將此地牡蠣送往王宮，拿破崙遠征
莫斯科時甚至帶了康卡勒牡蠣當作糧食。

康卡勒的牡蠣灘

出門上工——約翰・辛格・薩金特，《康卡勒的採蠔人》（*Oyster Gatherers of Cancale*, 1878）。

19世紀美國畫家約翰‧辛格‧薩金特（John Singer Sargent）早期的一幅畫作中描繪了布列塔尼康卡勒的牡蠣灘。薩金特就如20世紀攝影大師卡提耶－布列松（Cartier- Bresson）一樣老練高明，精準捕捉了後者所稱決定性的一刻。畫中的祖母盯著孫子將褲管捲到膝上，所有孩子都打赤腳，婦女則穿木底鞋。在風和日麗的景色之中，瘦高燈塔孤單矗立暗示周遭可能潛藏危機，懸崖另一側則隱約可看到一艘較大船隻的桅杆。

潮水慢慢退了，這群婦女正準備上工。此時豔陽高照，但她們仍披裹著披肩、圍巾和可能是用舊被單改製成的粗布圍裙。社會寫實畫家薩金特在畫作中呈現了勞動階級的工作場景。

畫中人物排列略成圓形，或許呼應了牡蠣的外形輪廓。兩名較年輕的婦女交頭接耳，其他兩人明顯落單。其中三人沒有穿著襪子，僅一人穿著長筒襪，可能不下水採撈，而是負責去殼。走在最前面的貌美婦女看似無奈認命，憂傷的她望著大海似乎想尋找什麼。採蠔船的收穫量於1878年可能持續下探，採蠔婦女之間瀰漫著一股沉重絕望的氣氛，或許是憂心這一週採撈到的牡蠣比前一週更少。

英法之間

　　法國是數一數二的牡蠣生產和消費大國，聖誕節更是大啖牡蠣的好時機，不過在從前，各個聖人紀念日從前也是享用牡蠣的最佳藉口。法國的牡蠣產量在全世界排名第四（英國已經不是重要的牡蠣生產國），國內自產自銷之外，多餘的量就經由荷蘭銷售至牡蠣消費量最大的德國。

　　來自波爾多的 4 世紀古羅馬詩人奧索尼烏斯（Ausonius）曾將不同產地的牡蠣分級──最愛家鄉的他認為波爾多牡蠣品質最佳，馬賽和卡爾瓦多斯（Calvados）所產者次之，再次級的是布列塔尼和蘇格蘭的牡蠣，至於拜占庭城（Byzantium）所產牡蠣的品質則遠遠遜於前者。上述貿易路線可能早在當時就廣為所知，甚至一直延續到黑暗時代。

　　法國所產牡蠣有四分之一來自諾曼第多個產區，包括維斯灣（Bay of Veys）、歷史最悠久的聖瓦拉烏格（Saint-Vaast-la-Hougue）牡蠣床、科唐坦半島（Cotentin）周圍的開闊近海，以及穆凡－阿內勒（Meuvaines Asnelles）較新的牡蠣床。布列塔尼北部沿岸遍布參差如齒的岩礁、陡峻溝谷和極深的河口灣，無時無刻不受洶湧的大西洋海浪拍擊，數百年來歷代布列塔尼人在養殖牡蠣時都必須步步為營。

　　北邊的康卡勒位居聖馬洛一側，往東即是聖米歇爾山海灣的牡蠣床，往西則是聖布里厄灣（Saint-Brieuc Bay），再到布列塔尼半島西端的布列斯特（Brest）和以南的坎佩（Quimper）、基貝宏（Quiberon）和莫爾比昂（Morbihan），愈往西再往南的產區就有愈多純淨的大西洋浮游生物在可提供庇護的海灣中生活，也為牡蠣提供穩定成長的理想環境。再往南來到羅亞爾河位在布畾夫灣（Bay of Bourgneuf）的出海口，周邊海域較淺且溫暖，並有努瓦爾穆捷島（Noirmoutier）圍住，也是著名牡蠣產區。上述產區的牡蠣自 1992 年起皆歸為「旺代－大西洋岸產區」（Vendée-Atlantique）並以此產區名對外行銷。

　　法國西南部從夏朗德（Charente）到吉隆德沿海區域等同一個開闊的牡蠣養殖場，其中心則為馬雷恩－歐雷宏（Marennes-Oléron），此處的牡蠣養殖場以水色泛綠著稱，是春季時養殖場底部出現的大量單細胞藻類所造

皮耶・塞雷斯坦・畢耶（Pierre Celestin Billet），《採牡蠣》（局部）（*Oyster Catching*, 1884）。

成。傳說最初是在 1627 年前後拉羅歇爾（La Rochelle）圍城戰時發現這種藻類，據說百姓將一些牡蠣浸在鹽沼裡希望保存久一點，取回時卻發現牡蠣呈現綠色，他們忐忑不安地試吃，發現滋味有如「液體榛果」。

　　牡蠣因食用藻類而轉為青綠色的現象，法文中稱為「blueing」，變色的成因經英國動物學家雷・蘭克斯特（Ray Lankester）確認為食用矽藻所致。法國其他養殖場成功養出青綠色的牡蠣，但難以呈現相同的榛果味。

位置更偏南的阿卡雄（Arcachon）所產牡蠣也會呈現青綠色，此地的養殖場主要為法國其他地區供應牡蠣苗。鄰近地中海的拓湖（Thau）長久以來皆為牡蠣產地，所生產的布濟格（Bouzigues）牡蠣生長時是依附在垂吊於水面上方的繩索，這種養殖方式有助於快速增肥。

法式愛欲

牡蠣可當成春藥這個說法有一個不太浪漫的來源，可能是諾曼第牡蠣農為了宣傳自家商品，引用 12 世紀典籍文獻而作的一系列廣告。他們稱牡蠣為「愛的辛香料」，多幅廣告海報中標榜「諾曼第生蠔作陪，享受浪漫激情夜」、「諾曼第生蠔伴您歡度良宵」等語句。

風流才子卡薩諾瓦（Casanova）是義大利人，但曾旅居巴黎，他的作品也免不了成為牡蠣代表情愛的證明。不過他的著作中一些露骨煽情的敘述不像什麼可靠證據，反而更像情色小說：「我將生蠔放到她的唇邊，她嬌笑一陣之後輕吮一口，將生蠔肉含在兩片唇瓣之間。我立刻將嘴覆上她的唇將生蠔銜了回來。」卡薩諾瓦聲稱每天早餐都吃 50 顆生蠔，他的情婦會將生蠔帶到浴室，將生蠔一顆顆擺在雙乳上供他取用。

大仲馬（Alexandre Dumas）在《烹飪大辭典》（*Grand Dictionnaire de cuisine*）中如此描述牡蠣：「唯一的運動是睡，唯一的樂趣是吃。」

法式美食學

牡蠣在神聖的法國美食學殿堂中占有一席之地，但就如葛蘭姆‧羅布（Graham Robb）在著作《非典型法國》（*Discovery of France*）所指出，法國鄉村料理直到上世紀開始才打響名號，或者說是傳到巴黎之後由宮廷的大批御廚承襲，才一躍成為高貴的皇家料理，成為歐洲其他國家仿效的對象。御廚埃斯科菲耶（Escoffier）於 1907 年編撰的食譜集僅收錄十數種牡蠣料理，而且皆不是來自巴黎以外地區，相較之下龍蝦料理則超過 30 種。埃斯科菲耶的料理向來鋪張奢華，例如內部填入魚子醬、最上方放一顆牡

巧味牡蠣醬
MIGNONETTES

搭配牡蠣的「巧味牡蠣醬」（mignonette）需預先製作，須提前至少數小時讓紅蔥頭充分浸漬入味。

使用香檳醋或紅酒醋

將一顆紅蔥頭切細碎，放入香檳醋或清爽型紅酒醋浸泡。加入現磨黑胡椒粒（轉兩下的份量）調味。

加蘋果酒醋的蘋果巧味牡蠣醬

將一顆紅蔥頭切碎，放入蘋果汁或蘋果酒醋浸泡。取一片帶皮青蘋果和一片帶皮紅蘋果，切細碎，和紅蔥頭拌在一起。加入一小匙切碎的巴西里，再加少許胡椒調味。變化版可用紅甜椒替代紅蘋果，改用小黃瓜也能帶來意想不到的驚喜，也可以嘗試換成桃子或芒果搭配米酒。

加米酒的花椒巧味牡蠣醬

取長 5 公分的薑段磨成泥，在薑泥中加入米酒。加入削得極薄的新鮮檸檬皮屑和切細的蔥絲。加入少許花椒調味。

加萊姆和檸檬的泰式巧味牡蠣醬

將小黃瓜和薑段切細絲，將 1 支辣椒取籽後切碎。將小黃瓜絲、薑絲和辣椒碎放入碗中，拌入棕櫚糖、萊姆汁 1 顆份、檸檬汁 1 顆份、魚露和 1 滴食用油。加入切碎的芫荽葉並攪拌均勻。

法國巴黎的牡蠣商家族，攝於約 1900 年。

蠣裝飾的千層酥皮開胃小點。

《拉魯斯美食百科全書》（*Larousse Gastronomique*）則將牡蠣任意搭配各種法式醬汁，似乎把牡蠣視為一般魚肉，主要用途只是彰顯廚師製作醬汁的精湛手藝，例如用甲殼類製作的美式龍蝦醬（Américaine）、炸牡蠣可沾的科爾貝醬（Colbert）、用螯蝦熬煮的南蒂阿醬（Nantua）、加入菇類和鮮奶油的諾曼第醬（Normande）、菠菜製成的佛羅倫斯式醬汁（Florentine）、乳酪調製成的莫爾奈醬（Mornay）或加入辣根的波蘭式醬汁（Polonaise），亦或將牡蠣製作成鹹舒芙蕾、焗烤、串烤、船形小點（barquette）或包入麵團當餡料。牡蠣當然也能搭配各種醬汁，但就無法充分呈現牡蠣本身的滋味。以菠菜搭配牡蠣是最合理且常見的選擇，因為菠菜也富含鐵質，而在帶殼牡蠣中加入以蛋、奶油和鮮奶油調製的菠菜醬汁一起炙燒，就成了現代廚房中標準的速成牡蠣料理。

關於最佳的牡蠣烹調方法，法國各大餐廳皆企圖提出自成一家的論述，不過少有人自古代各地區料理或風格汲取靈感，而是主張走奢華路線或搭配松露，或如荷蘭大師名畫中所描繪的搭配來自異國的辛香料。

巴黎的米其林二星餐廳大伊風（Le Taillevent）提供的一道牡蠣料理，是將 4 顆牡蠣連同 2 顆扇貝切片、松露、切薄片的韭蔥、少許礦泉水、牡蠣汁和有鹽奶油以塗抹過奶油的錫箔紙包裹，於烤箱內烤 5 分鐘後立刻送上桌。

位於羅阿訥（Roanne）的米其林三星餐廳圖瓦格之家（La Maison Troisgros）提供溫牡蠣佐酸模和孜然。巴黎的米其林一星餐廳盧卡斯·嘉頓（Lucas Carton）提供個頭碩大的貝隆生蠔（Belon oyster），料理方式是將閉殼牡蠣直接烘烤，附上以堅果、烤吐司丁和 Bellota-Bellota 品牌伊比利火腿調製的白奶油醬，並以一杯曼薩尼亞雪莉酒（manzanilla sherry）佐餐。料理作法帶有向阿卡雄周邊的巴斯克人（Basques）致敬的意味，巴斯克人通常會將牡蠣連殼送上桌，食用時搭配裹著豬網紗的小香腸（crépinette）、麵包及當地「兩海之間」產區（Entre-Deux-Mers）的白酒。

已逝米其林三星名廚米歇爾·蓋哈（Michel Guerard）位在厄熱涅萊班（Eugénie-Les-Bains）的同名餐廳，提供一種特製的生蠔佐醬，使

雷歐尼托・卡皮耶洛（Leonetto Cappiello）設計之「上等生蠔」海報，1901 年。

用材料包括薑末、芫荽，和加入未經烘焙的生咖啡豆打成的香緹鮮奶油（Chantilly）。已逝法國廚藝巨擘保羅・包庫斯（Paul Bocuse）的牡蠣料理讓人聯想到經典的維奇濃湯（vichyssoise），但最後加入磨碎的格呂耶爾乳酪（Gruyère cheese）帶入在地風味，並以脆麵包丁維持多變的口感。材料中的格呂耶爾乳酪、脆麵包丁或蒜泥蛋黃醬（rouille），皆可視為在向馬賽魚湯致敬。

　　也有其他變化版是在牡蠣殼放入以韭蔥和馬鈴薯這種常見組合調製的醬汁，再放上牡蠣肉加以炙烤，但細膩完整程度皆不及包庫斯的版本。傳奇大廚包庫斯的高明之處，就在於熟知且能敏銳掌握每種食材的特性。

咖哩牡蠣包心菜
OYSTERS WITH SPICED CABBAGE

與其他知名主廚相比，在布列塔尼 Les Maisons de Bricourt 工作的主廚奧維耶·羅林傑（Olivier Roellinger）可說最為靠近大海。這道料理在調味上大膽使用咖哩粉——包括芫荽粉、番紅花粉、薑黃粉、眾香子粉、肉桂粉甚至青芒果粉，也就是滿載辛香料的船隻若不幸觸礁，可能會灑落在聖馬洛岩礁上的那些香料。

4 人份前菜

- 2 杯（500 毫升）白酒
- 2 杯（500 毫升）雞高湯
- 裝於棉袋的咖哩粉——芫荽粉、番紅花粉、薑黃粉、眾香子粉、肉桂粉
- 1 顆包心菜

- 2 隻魷魚，裡外清洗乾淨
- 16 顆牡蠣，刷洗乾淨
- 2 小匙奶油
- 裝飾用的生菜或海藻——地榆（burnet）、羊萵苣（lamb's lettuce，或稱野苣）和紫菜

取一只醬汁鍋，以中火將白酒煮至剩一半的量，加入雞高湯和咖哩香料袋。浸泡 20 分鐘入味。

剝開包心菜葉（每人 1 片），燙過後放入冷水冰鎮待用。將魷魚切成條狀，放入不沾鍋內快速煎炙後置於一旁備用。將去殼後的牡蠣肉放入中型平底鍋，保留殼內汁液。在牡蠣汁內加入 1 小匙奶油，將包心菜葉放入並以中火略微加熱。重新加熱白酒咖哩高湯，拌入剩下的奶油。

將包心菜葉片分別放在加熱過的淺皿。保持白酒咖哩高湯溫熱但不滾沸，將瀝乾的牡蠣肉放入高湯內，燙 2 分鐘至微微捲縮。於每片包心菜葉上擺放 4 顆牡蠣和煎炙過的魷魚條。淋上白酒咖哩高湯。用地榆、羊萵苣、紫菜裝飾後即可上桌。

牡蠣佐香檳沙巴雍醬
OYSTERS WITH CHAMPAGNE SABAYON

4 人份

- ⅓ 杯（70 克）冰涼奶油
- 2 顆紅蔥頭，去皮後切碎
- 115 g 蘑菇，切塊
- 鹽和胡椒

- 24 顆牡蠣，刷洗乾淨
- 3 杯（750 毫升）香檳
- 2 顆蛋黃
- 1 根蔥，切成蔥花

　　取一只小醬汁鍋，以中火加熱融化一半的奶油，加入紅蔥頭煮 3 分鐘至熟軟。加入蘑菇，拌炒 10 分鐘出水。調味。將牡蠣去殼，將外殼清洗乾淨。在每枚牡蠣殼分別放入 1 小匙拌炒好的蘑菇和紅蔥頭。

　　預熱烤箱（只開上火）。在中型醬汁鍋內加入香檳，放入牡蠣以中火煮 2 分鐘至捲縮，撈出牡蠣置於已放入蘑菇和紅蔥頭的外殼上。在蛋黃內加入 2 大匙香檳，將剩下的奶油切成小塊後也加進去，攪打均勻。將調製好的醬汁淋於牡蠣上，炙烤 5 分鐘。灑上蔥花裝飾。

蒐集牡蠣盤

牡蠣於都市中蔚為風行之後，蒐集牡蠣盤的風潮也隨之興起。法國和德國的瓷器品牌大廠開始製造華麗的牡蠣專用盤，通常設計成具備六個放置牡蠣用的凹槽加上一個放檸檬或醬汁的凹槽。

也有一些牡蠣盤的造型略有不同，可能是專為擺放冰塊、帶殼牡蠣或去殼牡蠣肉而設計。最早的盤子專供擺放冰塊，其後則被比較乾淨美觀的附凹槽盤子所取代。不過盤子的花紋圖案很容易遭牡蠣的粗糙外殼刮壞，所以凹槽的大小逐漸演變成只夠擺放單顆去殼生蠔。吃牡蠣時專用的二齒或三齒小叉子也應運而生，以符合當時社會對於餐桌禮儀的要求。這類物品最初只供應給貴族階層，但中產階級也慢慢開始講究要使用適合的餐盤和餐具。

在盛產牡蠣的坎佩製造的餐盤呈現活潑的鄉村風，利摩日（Limoges）生產的餐盤風格優雅，多為淺色系花卉圖案，至於普羅旺斯的瓦洛里斯（Vallauris）等地的製品則呈現較為現代且抽象強烈的風格。到了 19 世紀晚期，德國韋特斯巴赫公司（Waechtersbach）生產了具藝術感的魚形牡蠣盤，法國水晶品牌萊儷（Lalique）生產了玻璃牡蠣盤，紐約綠點區（Greenpoint）的聯合瓷器公司（Union Porcelain Works）也設計了數種特殊牡蠣盤。

英國的道爾頓（Doulton）於 1900 年前後推出兩種花卉圖案牡蠣盤，曾在道爾頓工作的喬治・瓊斯（George Jones）則設計了周圍帶有貝殼裝飾、中央處為盛裝醬料用蛋杯造型凹槽的餐盤組。另一家較晚成立的小瓷器廠薩繆・李爾（Samuel Lear）曾推出具有葡萄牙陶瓷風格的向日葵造型牡蠣盤。1851 年在倫敦水晶宮（Crystal Palace）舉行的博覽會上，赫伯特・明頓（Herbert Minton）所設計富有光澤的馬約利卡釉彩陶器登場，其設計參考了法國的賽弗爾（Sèvres）瓷器，牡蠣盤自此成為維多利亞中產階級家庭也買得起的商品。

牡蠣盤

牡蠣盤仍吸引許多忠實愛好者，甚至曾被拍賣網站 eBay 列入每日優惠商品。有些品項的拍賣價高達美金 3,000 元，不過大多數要價僅數十或數百美金，新品的價格約為美金 250 元。

即使是在平靜的餐盤製造領域，可以預期牡蠣盤仍然很難避免復刻古老設計的相關爭議，例如究竟應將它們視為古董，或是可供仿效的原型範本。如欲購買老牡蠣盤當作投資，應特別留意盤子表面是否有牡蠣殼留下的刮痕，收藏家認為盤子的價值會因此減損。

左頁：賽弗爾金字塔多層牡蠣盤架，1759年。

本頁：（上圖）紐約綠點區聯合瓷器公司出品牡蠣盤，1880-1881 年；（下圖）美國第19 任總統拉瑟福德‧海斯（Rutherford B. Hayes）任內所用餐盤組中的牡蠣盤，聯合瓷器公司於 1879 年設計。

滿懷熱誠的維克多・寇斯特

英法兩國的牡蠣採撈相關法規不同，法國比英國更快面臨過度採撈牡蠣的惡果，為了保護這項珍貴的國家資產，積極採取系統性的應對之策。英國人將《大憲章》賦予的個人自由解讀為適用於在河口和小港灣採撈牡蠣的自由，法國人就不需要煩惱這方面的問題。法蘭索瓦一世與亨利三世（Henri III）接連於 1544 和 1584 年頒布法令，規定持有牡蠣床和進行養殖的權利屬於王室特權。法國人將牡蠣養殖視為與國家利益相關，推定海岸的豐富資源應為國有，並應由官方視情況予以管理。

法國政府為了防範不法分子盜採牡蠣，曾於 1840 年派出海軍於阿卡雄沿海的牡蠣床巡邏。法國官方和民間皆致力保護牡蠣產業。傑出胚胎學家維克多・寇斯特（Victor Coste）曾在義大利拿坡里灣的福沙羅湖（Lago Fusaro）看到當地人以古羅馬技法養殖牡蠣，他向拿破崙三世（Napoleon III）爭取 8,000 法郎的經費，預備在聖馬洛西邊的聖布里厄灣設置養殖場。寇斯特自外地運來牡蠣放入聖布里厄灣，僱了漁船在旁看顧，接著仿效義大利人堆疊岩石、捆起樹枝等物品作為基質，供孵化出的牡蠣苗附著其上。一年後，即 1859 年，寇斯特興高采烈地向拿破崙三世報告，牡蠣養殖實驗大獲成功，證據之一是某一處養殖場培育出 20,000 個牡蠣苗。他提議參照其作法，在法國全國沿海，甚至殖民地科西嘉島和阿爾及利亞沿海皆設置養殖場。積極進取的拿破崙三世同意了。

牡蠣養殖技術在大約同時又出現另一重大突破，幕後功臣是拉羅歇爾附近黑島（Île de Ré）的石匠博夫（M. Boeuf）。他注意到生活在渾濁水域中的牡蠣會附著在石砌海堤上，於是在低潮區的平坦泥灘砌築石牆，在底部鋪上石塊，改造出適合牡蠣生長的小型養殖場。法國人從此不再仰賴野生牡蠣床，而是從歐洲各地運來牡蠣苗放入特別打造的環境養殖。法國很快就開始大量進口牡蠣苗，幾乎買光西班牙的庫存，養殖牡蠣的產量於 1860 年為 2,000 萬顆，至 1907 年已達到驚人的 3.5 億顆。

寇斯特深具遠見，也將同一套技術用於養殖法國最富盛名的貝隆生蠔。現今的貝隆生蠔產於阿文－貝隆河（Aven-Belon river），此處有大量

寇斯特在法國布列塔尼阿摩爾濱海省（Côtes-d'Armor）的聖布里厄灣積極經營，於 1840 年成功設置牡蠣養殖場。

浮游生物活動，但不是養殖場或牡蠣苗孵化場，而是牡蠣上市販售之前養肥的水域。寇斯特的功勞在於發掘這處富含鐵質的海水淡水交界水域，認為是養殖牡蠣的理想環境，他從比利時運來首批牡蠣苗，並說服奧古斯特‧康斯佟‧索米尼納（Auguste Constant Solminihac）於 1864 年帶著全家從佩里戈爾（Pêrigord）遷居此地從事養殖。貝隆生蠔如今可說是全世界最引人垂涎的頂級牡蠣。

　　寇斯特為牡蠣養殖設下諸多管控限制，例如參考康卡勒的作法於沿海巡邏，夏季仍舊禁止採撈，以義務役取代強制徵兵，對奉召入伍的海軍兵員授予採牡蠣的特許權，將此特許權當成部分退伍津貼。這種補貼可說相當優渥，退伍海軍官兵可分配到免費的牡蠣苗、養殖群、充當基質的瓦片等牡蠣農必備的物資。從拿破崙三世的角度來看，推廣牡蠣養殖可說是刻意推行的社福計畫，既能餵飽窮人，也能為要轉職的海軍官兵開創事業第二春。

《莫爾萊人號》的奇蹟

　　法國曾在某次事件中幸運蒙福。太加斯河自古羅馬時期即盛產牡蠣和魚類，法國也自太加斯河流域成功引進少量葡萄牙牡蠣進行養殖。貨船《莫爾萊人號》（*Morlaisen*）於 1868 年自塞圖巴（Setúbal）啟程，載運葡萄牙牡蠣前往英格蘭，於阿卡雄外海遇上暴風雨，被迫駛往波爾多的港口避難。船上的牡蠣開始發臭，船長帕圖瓦佐（Patoizeau）下令在梅多克半島（Médoc）最北端的濱海維東（Verdon）附近將牡蠣全部拋入大海。這些牡蠣其實尚未死亡，遇水之後立刻恢復活力，整個吉隆德沿海區域於是在數年內發展成牡蠣重鎮。法國的牡蠣總產量數字未有定論。英國的牡蠣產量劇減，至 1910 年時為 2,500 萬顆，復甦的法國牡蠣養殖業同年的產量則為 5 億顆。

　　法國原生牡蠣和英格蘭牡蠣同樣於 1920 年代傳染病肆虐時遭受重創，之後陸續於 1974 年遭到馬爾太蟲（Marteilia）侵襲，於 1979 和 1984 年又遭到牡蠣波納米亞蟲侵襲，數量一度銳減至僅剩從前的一小部分。目前主要養殖的圓殼型牡蠣（round oyster，包括葡萄牙牡蠣和太平洋牡蠣）皆是後來引進的非原生種，而歐洲原生的扁殼牡蠣（flat oyster，歐洲扁殼蠔）僅存約 5% 的數量。

　　法國養殖的葡萄牙牡蠣於 1949 年感染鰓病病毒而大量死亡，《莫爾萊人號》所帶來牡蠣的後代最終在 1970 年代不敵病毒而滅絕。

　　法國大膽採取極端手段，分別自日本和加拿大英屬哥倫比亞（British Columbia）引進太平洋牡蠣和養殖的第二代牡蠣。由 DC-8 貨機載運的第一批牡蠣於 1971 年 5 月 16 日抵達波爾多，以貨車接駁運送至濱海夏朗德省（Charente-Maritime）。牡蠣苗於兩個月後的生長情況良好，如今法國生產的牡蠣有 98% 皆為太平洋牡蠣。即使知名的貝隆生蠔也不太可能是原生的歐洲牡蠣，而是在布列塔尼水域養肥的太平洋牡蠣。

一籃待出售的貝隆生蠔，攝於法國。

PART 3

新世界

他們說浪漫的海綿會呀，
牡蠣灣裡的牡蠣也會呀，
來吧來吧，我們戀愛吧。

柯爾·波特（Cole Porter），
〈我們戀愛吧〉（Let's Do It）

庫斯灣（Coos Bay）牡蠣合作社
社員，1949 年攝於奧勒岡州。

美洲第一批先民

　　舊世界經歷《聖經》記載的年代時，就已經有人類在美洲活動。西元前 4000 年在喬治亞州的薩佩洛島（Sapelo Island），密西西比族（Mississippi men）居住在用貝殼建造的堡壘，如今仍可看見以牡蠣殼堆疊出的牆面殘跡，部分牆面高度達 4 公尺。根據碳定年法，這些人會捕食蛤蜊和海螺，他們遺留的貝塚最寬處為 100 公尺，內部已經清空。在遺址發現了陶片、爐火遺跡和骨針，在在證明過去有人在此居住生活，而他們活動的年代比古埃及金字塔的建造年代更為久遠。在鄰近的基南埔（Kenan Field）還發現了年代較晚、約西元 1000 年至 1600 年之間所遺留，面積 64 公頃的美洲原住民村落遺址。

　　薩佩洛島的堡壘呈環形，能夠有效抵禦使用手持武器的外敵。貝殼堆成的圍牆不只高度夠高，也相當尖銳（足以嚇阻赤腳或穿鹿皮鞋的敵人），任何人想爬牆攻擊時會發出聲響，而且登牆後很難站穩。

　　歐洲人於 16 世紀初期抵達美洲時，蒂穆夸族（Timucua）在今喬治亞州南部這一區稱霸，勢力更延伸至今佛羅里達州。法國殖民者在今佛羅里達州傑克遜維爾（Jacksonville）落腳，發現了年代可追溯至西元前 4000 年的類環形要塞。薩佩洛島的環形堡壘可以佐證蒂穆夸族不再過著狩獵採集生活，而是定居當地的部族，他們選擇在自然資源富饒的河口居住，在此捕獵短吻鱷以及種植玉米、豆類、南瓜和蔬菜。族人會將肉放在木架上用火烤熟，這種「烤架燒烤」的烹飪方法流傳數百年後得名「barbacoa」，即「烤肉」（barbeque）一詞的由來。

　　西班牙征服者埃爾南多・德・索托（Hernando de Soto）於 1539 年入侵科菲切奇部落（Cofitachequi），將塔洛梅科神廟（la Talomeco）洗劫一空，搶走嵌有珍珠的木雕、大批珍珠、鹿皮、染好色的布料以及作工繁複講究的銅器。於今秘魯出生的編年史家加西拉索・德・拉・維加（Garcilaso de la Vega）後來根據索托的記述，寫下塔洛梅科共有約 500 棟屋舍和一座

……不過最上選的珍珠，必須長得渾圓，或長成形狀對稱的梨形，像淚滴，只是沒有想像中的那個尖兒。珍珠外皮和光澤須臻至完美，也就是說，質地必須細緻無瑕……

M. F. K. 費雪（M. F. K. Fisher）著，韓良憶譯，《牡蠣之書》（*Consider the Oyster*）（麥田出版）第 121 頁。

面積長 100 步、寬 40 步的神廟及陵園，其牆面和陡斜屋頂皆覆蓋著飾有貝殼和珍珠串的藤編蓆墊。

　　喬治亞州的貝塚絕非孤例。美國東岸由南到最北的緬因州，皆可發現類似的遺址。達馬里斯科塔河東岸就有一處年代早於西元前 1000 年、名為「鯨背」（Whaleback）的巨大貝塚，但大部分已於 1880 年代晚期運走製成雞飼料，此地現今劃設為國家公園。

　　早期進入南方的探險家發現了大量單顆珍珠，量多到以「蒲式耳」或「加侖」計算。在單一墳塚發現的珍珠，可能就勝過歐洲某個王室所持有的珍珠總數。但這些珍珠年代久遠且已毀損，即使數量驚人，吸引的仍是考古學家，而非珠寶商。有些珍珠或其他墓中寶物的擺放方式相當可怖，是置於經過剝皮和重新塑形的下葬者遺體之內。

　　佛羅里達州東岸代托納（Daytona）和傑克遜維爾之間的聖奧古斯丁（St. Augustine）有一口井也提供了線索，暗示北美洲和南美洲之間開始互相往來的時間或許比先前所認為的還要早。在出土的牡蠣殼和蛤蜊殼堆之中，發現了一端為圓球形木雕的纖細木棒，也就是「molinillo」這種源於 16 世紀的巧克力專用攪拌棒。攪拌棒可能是西班牙商人帶到北方，也可能早在白人從南美洲往北移動之前，佛羅里達的當地人與馬雅人和阿茲提克人之間就有了互動交流。美洲原住民將可可種子當成貨幣使用，而可可樹原生於亞馬遜雨林。

美洲原住民如何捕魚

　　描繪「新世界」的第一批圖像問世後，歐洲人大為震撼，這是舊世界的人第一次有機會看到美洲的樣貌。此幅水彩畫名為《美洲原住民如何捕魚》（*How the Indians Catch Their Fish*），由約翰·懷特（John White）於今維吉尼亞州洛亞諾克（Roanoke）繪製，後由法蘭德斯工藝大師西奧多·德·布里（Theodor de Bry）製作成雕版畫，收錄於湯瑪斯·哈里奧（Thomas Harriot）記述自己在新發現之維吉尼亞定居所見所聞的《奇聞錄》（*Admiranda Narratio*）。

　　這批圖像至今仍然令人大開眼界。例如此圖中清楚展示了在歐洲白人出現之前，殖民地維吉尼亞的原住民族阿岡昆人（Algonquin）就熟知水產養殖技法。船上兩名男子使用耙具採捕牡蠣，兩名婦女生火烤牡蠣和烹煮類似什錦飯（jambalaya）的餐食。他們懂得在水中築堤後將魚趕入魚塭裡養殖，也會在河口築起堤堰，駕船以魚叉獵捕比較大隻的魚類。圖中魚類有大有小、種類繁多，可見第一批歐洲殖民者講述當地物產豐富並非誇大。

　　懷特的外孫女維吉尼亞（Virginia）於 1587 年出生，是新世界頭一個誕生後受洗成為基督徒的孩子。懷特在返回英格蘭三年後發起拯救殖民地維吉尼亞的行動，但殖民地已經步向滅亡，他的傑出畫作至今仍由倫敦的大英博物館典藏。

「初見美洲」──西奧多·德·布里，《美洲原住民如何捕魚》，1590 年，根據約翰·懷特的水彩原畫雕版印製的彩色雕版畫。

「貝殼島」紐約

全世界任何一個地方都有可能受到氣候、地理、商業或文化因素影響，在某個時期以某種食材為重要食物來源，例如英格蘭的牛肉、斯堪的那維亞半島的醃魚、泰國的辣椒、紐西蘭的小羊肉等等。但綜觀歷史，這些都是較近期的時代趨勢且為時不長。在現今廣大的紐約都會區及紐約州一帶，可以說少了牡蠣就沒有美國歷史，通往皇后區（Queens）的原始農用道路更可說是用牡蠣殼鋪成的。曼哈頓的天際線如今和長島（Long Island）的古老牡蠣床密不可分，構成城市肌理的水泥中，就含有牡蠣殼粉燒製成的石灰。

美洲原住民稱長島灣（Long Island Sound）為「Sewanhaka」，意思是「貝殼島」。其他殖民聚落如巴恩斯塔波（Barnstable）、瑪莎葡萄園島（Martha's Vineyard）、蒙托克（Montauk）、韋弗利（Wellfleet）、法茅斯（Falmouth）和藍岬角（Blue Point）的名稱既與英格蘭移民在美國的歷史息息相關，與原住民歷史同樣有很深的淵源。當地著名的「辛納科克」（Shinnecock）牡蠣之名即源自辛納科克部族，後來的「藍岬角」牡蠣也遠近馳名（坊間多稱「藍點牡蠣」）。

龐大的貝塚多半占地達數英畝，證明美洲原住民世世代代都善於利用牡蠣和生長在同個海灣的蛤蜊，當成食物之外，也會將貝殼製成飾品，或打磨後串成「貝殼串珠」（wampum）作為交換用的貨幣。對於沒有金屬的民族來說，製作貝殼串珠很費力而且需要高明的技術。荷蘭人駕船駛抵哈德遜河（Hudson River）後，很快開始動員囚犯在工場以鐵鑽製作貝殼串珠，他們設定貝殼串珠換算為荷蘭盾（guilder）的匯率，並為運回歐洲販賣的毛皮制定售價，在數年內就籌到足夠的貝殼串珠。

旅遊指南《高譚市考古之旅》（*Touring Gotham's Archaeological Past*）指出，自由島（Liberty Island）在設置自由女神像之前的舊名之一是「牡蠣島」。荷蘭人稱現在的自由島為「大牡蠣島」，稱埃利斯島（Ellis Island）為「小牡蠣島」。在他們駛入哈德遜河的年代，位於可通航範圍的牡蠣床總長度超過 560 公里，提供世界上絕無僅有的豐富資源。紐約與牡蠣從此

康乃狄克（Connecticut）和周邊區域地圖，貝納德・羅曼斯（Bernard Romans）繪，1777 年。紐約港（New York Harbor）水域直到 20 世紀初仍盛產牡蠣，當地原住民稱長島灣為「貝殼島」。

纏綿悱惻,發展出活絡長久的互動關係,兩者的故事就像是一條繩索的兩股緊緊交纏。「美國之道」(the American Way)或「紐約之道」(the New York Way)是在長島的採蠔人群體中形塑而成,是第一階段憑實力的船隻交易和整箱整桶漁獲的交易,是華爾街的基礎根本。在紐約起步和發展階段,牡蠣稱得上居功厥偉,造就這座偉大城市的動力或許有很大一部分就來自牡蠣。

盛產牡蠣海灣的所有權之爭屢屢發生,也預示了美洲大陸上各個原住民族的命運。牡蠣跟歐洲移民和美洲原住民一樣,很容易忽然遭受致命疾病的強力摧殘。有些地方的牡蠣全體滅絕,成為其他地方更大牡蠣群體的一部分;當美洲原住民部族在 21 世紀開始重寫自己的歷史並重建古老的家族親緣關係,遷移至新海灣落腳茁壯的牡蠣也依據不同生長環境的水質尋求新的定位。

牡蠣床提供安全便利的食物來源,因此第一批移民選擇占據海灣沿岸並趕走原住民。曼哈頓和東北部其他大型複合城市周圍皆為盛產牡蠣的水域,航行到此尋找黃金或上帝的移民會發現,實務上牡蠣就是他們的指路明燈。

牡蠣於是成為紐約市的優美象徵,既是時尚的奢華化身,有些牡蠣產區後來發展成高級度假勝地,也是平權的完美代表,在 20 世紀初是大飯店珍饈,同時也是供街上打造城市的卑微勞工填飽肚子的國民美食。

初次接觸:「不敢信任他們」

長島上原本居住著十三個美洲原住民族,他們大多住在岸邊或鄰近海岸的區域。他們以獨木舟為交通工具,至各地以物易物,會去內陸打獵,也會在岸邊和原野清理出耕地種植玉米。各個部族似乎很清楚各自的地盤,四處遷徙時不會越界。最早的歐洲移民時常在各個海灣看到棄置的大堆牡蠣殼和蛤蜊殼,以此為線索推算出原住民族的人口數。

亨利‧哈德遜(Henry Hudson)於 1609 年試探性地下船登陸,船員有半數是荷蘭人、半數是英國人,他發現今稱紐約的地區一事留下了戲劇

化的紀錄。船隻遭到長滿牡蠣的巨大礁岩阻住去路。大副羅伯特・居耶
（Robert Juet）有寫日記的習慣，他在 9 月 3 日記下：「下午三點，我們遇
上三條大河。我們停在最北端，考慮溯河而上，卻發現前方是淺灘，水深
只有 10 英尺。」

之後他記下與原住民的第一次接觸：「夜裡西北風很強勁，船走錨了，
被風吹上岸，還好上帝保祐，岸邊的泥沙地很軟，沒有人受傷。今天當地
人來到我們的船上，看見我們到來似乎很開心，帶來綠色的菸草跟我們交
換刀子和珠子。」

翌日：

> 我們的人下船上岸，看到了許多男人、女人和小孩，他們拿菸草
> 給上岸的人。於是他們進去森林裡，看到大量上好的橡木材和一
> 些醋栗。有一個當地人到船上來，他帶來一些醋栗乾送我，甜甜
> 的很好吃。今天有很多人到船上來，有些人披著羽毛斗篷，有些
> 人披著各式各樣的上好毛皮。有些女人帶來大麻送給我們。他們
> 有紅銅煙斗，也有人脖子上掛著銅製的東西。晚上他們就再回到
> 陸地上，所以我們悄悄駛離，不敢信任他們。

白人與「紅種人」、農民與地主、大船與輕舟、基督徒與「異教徒」
之間的關係非常緊繃，「不敢信任他們」這句話或許很適合用來總結殖民者
和美洲原住民之間最早的激烈衝突。加上不同的原住民族彼此在政治上相
互競爭且各有所圖，眾多糾紛和衝突交織形成了我們所知的美洲歷史圖像。

原住民如何賣掉紐約

現今紐約蘇福克郡的加德納島（Gardiner's Island, Suffolk County）
是在 1639 年由統治長島的蒙托克族大頭目（sachem）溫丹契酋長
（Wyandanch）賣給里昂・加德納（Lyon Gardiner）。加德納家的後人至今
仍是地主並住在附近，也有些溫丹契酋長的後代子孫住在這一帶。雖然很
難想像，兩個家族之間後來卻發展出真摯友誼，不過雙方之間有著足以致

命的巨大共同利益，而大頭目溫丹契也因此遭到政敵毒殺身亡，他或許是現代美國的第一位悲劇英雄。

蒙托克族在眾部族中地位崇高，扮演類似銀行的角色，他們利用河口的貝殼製作成貝殼串珠與其他部族交換，蒙托克的牡蠣床就是他們的鑄幣廠。皮夸族（Pequot）向來倚強凌弱，其族名在通用的阿岡昆語裡就代表著「破壞者」，他們會威嚇蒙托克族和其他部族。荷蘭人於 1615 年前後開始向原住民購入毛皮，皮夸人要求獨攬生意，更派人四處突襲搶奪毛皮和貝殼串珠，還逼迫其他部族與其結盟和支付贖金。

在一封 1637 年的信件中，首先在羅德島（Rhode Island）闢建普羅維登斯種植園（Providence Plantation）的羅傑‧威廉士（Roger Williams）寫道：

> 皮夸人物資匱乏，因此（現在尤其頻繁）結夥到沿岸（以及穆納托奇〔Munnawtawkit〕和曼納圖旺〔Manattuwond〕兩島）捕撈鱘魚和其他魚類，也會闢建新的玉米耕地以防家鄉耕地遭到英格蘭人破壞。

對殖民者來說，皮夸人的突襲令人恐懼。從加德納留下的札記，可以一窺早期殖民所處的嚴苛環境。在接到命令要與皮夸人開戰後，加德納寫道：

> 你們安安穩穩待在麻薩諸塞灣（Massachusetts Bay），開戰也不用擔心，但我們在此勢單力薄，根本沒地方可躲，開戰就只能等著被綁在柱子上燒死。我們這裡男人、女人和小孩加起來才 24 人，糧食無法撐過兩個月，只能依賴離家兩英里的玉米田，要是開戰，也不可能過去採收。

加德納帶著家人和手下躲進碉堡，但是要取得食物必須冒險離開碉堡，加德納的兩名手下遭皮夸人活捉，一人被綁在柱子上燒死，另一人被活活剝皮。

加德納曾帶著十名持武器的手下和三隻狗外出，遭到穿著遇害者衣物假扮殖民者的皮夸人伏擊，他們「為了不被活捉，只能拿著無鞘的刀拚死

卡羅萊納玉米牡蠣餡料
CAROLINA CORN AND OYSTER DRESSING

4 人份

- 450 克玉米麵包,切丁
- 450 克鄉村白麵包,切丁
- 4 大匙奶油
- 5 顆紅蔥頭,去皮後切碎
- 450 克蘑菇,切片
- 1 束(75～100 克)新鮮巴西里,切碎

- ¼ 株西洋芹,切段
- 75 克羽衣甘藍,刨絲
- 3 顆蛋
- 24 顆牡蠣,刷洗乾淨
- 2 杯(500 毫升)牛奶
- 2 杯(500 毫升)雞高湯或蔬菜高湯

烤箱預熱至 140℃,放入麵包丁烤 1 小時至烤乾。將烤箱溫度調高至 180℃。

在大醬汁鍋中用中火融化 3 大匙奶油,放入紅蔥頭炒 2 分鐘至出水。加入蘑菇、巴西里和西洋芹,續炒 2 分鐘至出水。加入羽衣甘藍,再加熱 2 分鐘至整鍋熱度均勻。將鍋子離火,炒好的食材倒入大碗中。加入烤乾的麵包丁拌勻。打入蛋液並充分攪拌。將去殼後的牡蠣肉加入大碗裡。混合好後加入足量的牛奶和高湯,調製成類似蛋糕麵糊。

將剩下的奶油抹於 10 吋乘 15 吋(25 公分乘 40 公分)的烤盤內,倒入混合好的糊液。用保鮮膜覆蓋,放入冰箱冷藏至少一小時。烤 40 分鐘至呈現漂亮的褐色。

抵抗。」他在一、兩天後記述:「我身上中了好幾箭……但是身上的皮製外套救了我,只有一枝箭射傷我的皮肉。」

後來有 80 名士兵奉派前來協助加德納防守碉堡。他和莫西干人結盟,莫西干人襲擊密斯提克(Mystic)的皮夸人聚落,並放火焚燒圍欄燒死所有人。加德納推估約有 300 人遭火舌吞噬而送命,稱頌是「上帝的榮耀和我國的榮光。」接下來的戰事成了消耗戰。英格蘭人不斷追擊,幾乎將皮夸人完全剿滅。他們將皮夸人與其他部族族人賣給奴隸主,並按人頭計算稅金要求買家繳納,最後一批倖存的皮夸人被賣到百慕達(Bermuda)為奴。

在皮夸人遭到屠殺之後,溫丹契酋長前來拜訪加德納,酋長在沙地上寫下自己的名字是拼成「Waiandance」。「他來是想知道我們是不是要對付所有原住民族。我回答不是,只對付殺死英格蘭人的部族。他說他們住在長島,也許可以跟我們作生意。」加德納回答他可以只跟長島的原住民作生意:「只要你們把所有投靠你們的皮夸人都殺光,割下頭顱送來給我……他回去之後就照我的話做,送來五顆頭顱。」

加德納的形象無疑是開化的文明人,是身負任務要在當地建立英國碉堡的軍人——在那個時代算是溫和派。他善用自己新近對於原住民族的影響力,買下東漢普頓(East Hampton)12,500 公頃的土地,範圍從現今南安普敦(Southampton)東緣以迄納佩格(Napeague)西緣,買價是 20 件禮服大衣、24 把手斧、鋤頭、刀子、鏡子和 100 把製作貝殼串珠用的鑽子(muxe)。蒙托克人在當地只剩下可以合法捕魚和打獵的權利。溫丹契在短短 23 年內,出售、交換或無償進貢給英格蘭殖民者的長島東部土地面積多達近 24,000 公頃。

傑佛遜港焗烤奶香牡蠣
PORT JEFFERSON SCALLOPED OYSTERS

　　這份食譜讓人聯想到早期拓荒年代變通善用手邊食材的風格，成品類似牡蠣版的多菲內焗烤馬鈴薯（potato dauphinoise）。

4 人份

- 4 顆馬鈴薯，刷洗乾淨
- 24 顆牡蠣，刷洗乾淨
- 抹烤皿用的奶油
- 鋪灑和裝飾用的脆餅乾屑
- 1 大匙切碎的新鮮巴西里
- 1 顆洋蔥，去皮後切絲
- 2 大匙奶油，切成小塊
- 1 顆小型青椒，切絲
- 鹽與胡椒
- 1 杯（115 克）切達乳酪，磨碎
- 1 又 ½ 杯（375 毫升）牛奶

烤箱預熱至 180℃。

　　將帶皮馬鈴薯放入中型醬汁鍋，加水後以大火預煮 15 分鐘。將預煮過的馬鈴薯靜置，放涼後切薄片。將去殼後的牡蠣肉放入中型平底鍋，保留殼內汁液。在烤皿中塗抹奶油，再灑上一半脆餅乾屑。鋪一層馬鈴薯片，再鋪一層牡蠣肉。每鋪一層都灑上碎巴西里、洋蔥絲、小塊奶油、青椒絲，及少許鹽和胡椒。將馬鈴薯和牡蠣層層堆疊，保留少許馬鈴薯鋪在最上層。在最上面的馬鈴薯層灑上剩下的一半脆餅乾屑和乳酪。將 2/3 杯（165 毫升）牡蠣汁與牛奶混合後倒入烤皿。烤 20 至 25 分鐘。

第一批移民

最早期的移民大多是生活貧困、無以為繼的歐洲難民，他們可能是海盜、私掠船的船員或傭兵。有些人是逃離家鄉的罪犯，有些人是無家可歸、私德敗壞的水手，有些人可能是遭政府強迫招募成為海軍，為了翻轉命運不惜違法亂紀。接下來一波移民也不會是什麼好人，大多是身經百戰、心如鐵石的士兵，由艦長率領的他們懷著報效國家飛黃騰達的美夢。

《五月花號》（*Mayflower*）和其他船隻上的乘客則是愛好自由而流亡異地的虔誠教徒，就像誤入這群海上老鷹和禿鷲中的鴿子。第一批移民與原住民族之間的紛爭不斷。從 1640 年代晚期到 1650 年代早期，有更多英國移民前來落腳。他們帶來了牛隻，而原住民的玉米田不設圍柵，牛隻闖入後造成農損。英格蘭人不僅帶來了能讓原住民醉生夢死的烈酒，還帶來了多種白人的疾病——分布於今皇后區阿斯托利亞（Astoria）及長島南部和中部的馬廷尼卡族（Matinecock）因此在百年內流離失所，幾乎滅族。

辛納科克與藍岬角

辛納科克族的勇猛令其他部族聞之色變，但加工牡蠣殼的手藝巧妙，無論商人和敵對部族都對他們敬佩不已。他們並未像其他原住民族變賣所有土地，在家鄉長島仍擁有一塊 120 公頃的保留地，可供追憶辛納科克族的歷史及曾經有機會繼承的土地。藍岬角牡蠣名號響亮，其名「Blue Point」源自籠罩海灣水域的藍色霧氣，原住民稱此區為「Manowtassquot」，意思是「熱門採蠔地」。英王查理二世於 1654 年頒授「布魯克赫文特許狀」給溫斯羅（Winthrop）家族，其中包含藍岬角的所有權，溫斯羅家付給王室的買價是 4 件禮服大衣加 6 英鎊 10 先令。這塊土地缺乏可供養牛的牧草地，而且牛群可能會踩踏破壞原住民的玉米田，因此土地所有權也附帶採撈牡蠣的權利。布魯克赫文的群體對成員資格嚴格把關，為了避免「有人害城鎮變窮」，新來者須經過六個月觀察期，由居民決定是否接受他們加入。

　　1752 年時，康乃狄克商人漢弗萊・艾佛里（Humphrey Avery）買下藍岬角和帕喬格（Patchogue）一帶的土地，蒙托克角（Montauk Point）也包含在內，但他之後發現自己債台高築，請求當局准許他販賣彩券並以土地作為獎品。他將大片土地分成 36 塊地，以每張 30 先令的價格販售 8,000 張彩券，最後藉由賣彩券大賺一筆，甚至用賺的錢又買回部分土地，其子約瑟（Joseph）於 1812 年修築的農舍如今是鎮上最古老的房子。艾佛里於 1815 年開始在海灣中放養牡蠣苗，成功養出大量鮮美多汁的牡蠣。

　　藍岬角的歷史在大約同時期還發生過另一次轉折。藍岬角牡蠣的名聲在紐約逐漸傳開之際，浸信會教徒史蒂曼（Stillman）家族開始在同樣位於藍岬角的濱海屋宅舉行洗禮儀式，有許多人前來等待受洗，史蒂曼家於是在庭院周圍及沿著海灘設置更衣室。這些更衣室後來成了泳客更衣間，以每間 25 美分的價格開放租用。這處海灘發展蓬勃，後來開設了 600 間泳客更衣間和多家飯店。牡蠣浸浴在海灣之中，岸上作日光浴的紐約人也沐浴在神恩之中。

藍岬角的帶殼生蠔。

聚落發展

英國人統治的紐約市也是奴隸貿易的同謀，此地多餘的醃牡蠣甚至會運往南方的種植園當成糧食。紐約市於 1750 年時的奴隸人數與查爾斯頓（Charleston）相差無幾，紐黑文（New Haven）也為西印度群島（West Indies）上蓄奴的種植園提供補給，從 1640 年一直到 1890 年代持續運送糧食、牲畜和木材到加勒比海諸島。一艘又一艘單桅小帆船和雙桅帆船的甲板擠滿牲畜，船艙裡則裝滿麵粉和蔬菜。採獲的牡蠣之中，最好的送去歐洲天主教國家，次好的供應給體面的波士頓中產階級，剩下的則運到南方給奴隸吃。

牡蠣為城市裡的黑人提供了某種最初的自由，採撈牡蠣來賣是成本低廉的謀生方式，很多黑人推著手推車在街道上和貧民窟裡兜售牡蠣。史坦頓島（Staten Island）沿岸有一區土質不佳，成了眾人所知的「沙島」（Sandy Island），但此處壤土（loam）卻因沙子比例較高而適合種植草莓。但對於剛開始站穩腳步的黑人群體，是牡蠣讓他們得以維持生計，打下經濟基礎。為了經營牡蠣生意，黑人自己造船，編製裝牡蠣的籃筐，甚至當起鐵匠鑄造耙子等拖撈工具。他們用牡蠣換取磚塊，砌建出大房子。他們將採收的草莓帶到曼哈頓的華盛頓市場（Washington Market）販售，縫製的被子也受到顧客歡迎。「沙地」（Sandy Ground）即為第一個由獲得解放的黑奴在北美洲建立的社區。也有其他白手起家的競爭者在華盛頓市場販賣牡蠣為生，其中一人就是後來成為航運大亨的康納留斯·范德比爾（Cornelius Vanderbilt）。

開殼剝肉、沖洗和測量分級人員

美國於 1820 年前後迎來第一波牡蠣產業商業化浪潮，發源地是康乃狄克州紐黑文。在此之前主要是在自家去殼，將剝好的牡蠣肉賣給鄰居或商人，牡蠣商於 1820 年開始將牡蠣肉裝入小木桶或方形錫罐後運送至遠地販售。檢驗人員恩尼斯特·英格索（Ernest Ingersoll）如此描述：

南卡羅來納州布拉夫頓（Bluffton）瓦恩與普拉特罐頭公司（Varn & Platt Canning Company）的牡蠣剝肉工，攝於 1913 年。在奴隸制廢除之後，牡蠣產業為許多成年和未成年非裔美國人提供了賺錢餬口的工作機會。

處理流程由開殼剝肉、沖洗、測量分級、填裝、打包等不同部門各司其職⋯⋯牡蠣通常是從船上卸貨後直接運送到主要的開殼剝肉作業區，剝肉工皆為女性和男孩，每週工資為5到9美元。

剝肉工會用「戳插」的方式去殼，也就是將小刀插入殼內切斷閉殼肌後將肉剝離，或者採行「敲破法」，用棒子、刀背或鎚子將外殼前緣敲出開口後插入刀刃。牡蠣於19世紀中葉至晚期大受消費者歡迎。再次引用英格索所述：

晚宴一定要供應牡蠣才稱得上圓滿，稱職的東道主必定會為他的賓客準備所謂「鮮美的雙殼動物」。每一座城鎮都有牡蠣酒吧、地窖牡蠣吧、牡蠣酒館，以及供應牡蠣的酒吧、餐廳、小餐館和攤販。

還有挨家挨戶兜售牡蠣的小販：

有醃漬牡蠣、燉牡蠣，有烘烤、燜烤、煎炸或焗烤奶香牡蠣；牡蠣可以製作成濃湯、餡餅和布丁料理，食用時可以加調味料或不加調味料，也可以早中晚照三餐吃；無限供應的牡蠣純淨如新鮮空氣，也幾乎如空氣般永不耗竭，如此富饒的大自然珍寶滿足曼哈頓人每天的口腹之欲，也獲得食客的無限感激。

牡蠣殼的用途也相當廣泛：用於鋪築大路小道，作為碼頭、低地、防禦工事和鐵道邊坡填料，作為船隻壓艙物、石灰原料、農田地力改良用料，以及用於製作肥料或水泥。及至19世紀末、20世紀初，鋪路用的牡蠣殼價格為每蒲式耳15美分。新英格蘭沿海城鎮的石灰窯一度只使用牡蠣殼作為原料，藥廠則使用牡蠣殼粉末作為預防骨質疏鬆藥物的原料。其他用途還包括製作漆料、塑膠和橡膠，也是鈣質成分的最佳來源。

紅燈區和餐廳

在可追溯的紀錄中，紐約第一家販賣牡蠣的店家是 1763 年於百老街（Broad Street）開業的地窖牡蠣吧。曼哈頓所有通宵經營的市集開始供應深夜燉牡蠣料理，位於地下室的地窖牡蠣吧也成為紐約傳統，位在人行道旁的向下樓梯入口處會以紅氣球和蠟燭標示，成了現今所謂「紅燈區」的雛型。

地窖牡蠣吧是男性專屬的場域，謝絕女客，能夠出入這種場所的女性全是娼妓。時常光顧地窖牡蠣吧的男客也不是什麼正人君子，如喬治・佛斯特（George G. Foster）關於 1850 年紐約的記述所點出：

> 女人當然只有一種——但你要是仔細打量那些男人，就會發現有法官大人，也有未成年罪犯和虔誠的偽君子，有毫不作偽的花花公子和酒色之徒，有賭徒、皮條客和小偷，也有文質彬彬的扒手、野心勃勃的生意人和墜入情網的傻瓜，在這些敗德可鄙的地窖裡，有時甚至會開起荒淫靡爛的狂歡派對。

與古羅馬時期如出一轍，牡蠣再次在風花雪月、豔名遠播的聲色場所成為寵兒。整條百老街成了牡蠣買賣重鎮，不過富頓魚市場（Fulton Fish Market）所有小販一天也能賣出多達 50,000 顆牡蠣。比較正派的顧客會去湯瑪斯・唐寧（Thomas Downing）的家族於華爾街（Wall Street）街角經營的酒吧，曾是黑奴的湯瑪斯・唐寧也熱中進行其他偷渡事業，他開放酒吧地下室讓逃往加拿大的黑奴在旅途中暫時躲藏。

牡蠣與餅乾

紐約市人口於 20 世紀初達到 460 萬人時，全市居民每天吃掉數百萬顆牡蠣。另一項統計數據也顯示紐約人對牡蠣的熱愛：紐約人平均每人每年吃 660 顆牡蠣，倫敦人平均每人每年 60 顆，巴黎的數字則是 26 顆。

產自不同河口的牡蠣各有其擁護者，餐廳往往會列出 10 到 15 種不同

產區的牡蠣。當時饕客津津樂道的各種牡蠣包括：馬爾佩克、韋弗利、科圖伊特（Cotuit）、納拉干瑟（Narragansett）、紐黑文、馬鞍岩（Saddle-rock）、藍岬角、洛克威（Rockaway）、伯斯安波易（Perth Amboy）、拉里坦灣（Raritan Bay）、士魯斯柏立（Shrewsbury）、阿布西肯鹹味（Absecon Salt）、五月岬鹹味（Cape May Salt）、莫理斯灣（Maurice Cove）、林黑文（Lynnhaven）、欽科提科（Chincoteague）、亞薩提格（Assateague）、洛亞諾克、丹吉爾海峽（Tangier Sound）、阿帕拉齊科拉（Apalachicola）、巴拉塔利亞灣（Barataria Bay）和奧林匹亞（Olympia）。

供應牡蠣的場所必定會提供牡蠣餅乾，尤其是用於搭配炸牡蠣或加了牡蠣的燉菜。這種餅乾的原型是水手帶上船當成糧食的硬餅乾，作法和使用材料很簡單，將麵粉、鹽、酥油與酵母和成的麵團擀成扁平狀，翻面後再擀一次，放入烤箱烤 25 分鐘即成。

來自英格蘭的亞當‧艾斯頓（Adam Exton）宣稱於 1847 年在紐澤西州建立了第一座脆餅乾工廠。一年後市場上出現競爭者，以西結‧普倫（Ezekiel Pullen）開始在自家廚房烘烤製作「正宗創始特倫頓脆餅乾」（Original Trenton Cracker），他將脆餅乾裝在馬車上，載到特倫頓（Trenton）街上沿路販售。瑪莉恩‧哈蘭（Marion Harland）在 1873 年出版的《家居生活必備常識》（*Common Sense in the Household*）中建議製作時要將麵糊「用力攪打半小時」，可能因此導致愈來愈少人在自家廚房製作脆餅乾。

最早的牙籤

許多餐廳皆以供應上好牡蠣而聞名，尤其「藍岬角牡蠣」更是饕客爭相品嘗的珍品。位在布魯克林區富頓街（Fulton Street）上的蓋吉與托爾納餐廳（Gage and Tollner's）於 1879 年開業，餐廳內擺設桃花心木餐桌並懸掛雕花玻璃枝形吊燈，更以確保停電時不需摸黑用餐的 36 盞華麗煤氣燈著稱。紐約經典老店戴莫尼克餐廳（Delmonico's）最初是一家糖果點心店，後來轉型成為歐洲移民供應法式風格餐點的高級餐廳，供應的牡蠣經過精

精選最熱門的數種美國牡蠣,約翰·伯格因(John Burgoyne)繪製。

心挑選，也是經典美式料理紐伯格龍蝦（Lobster Newburg）的創始店。百老匯（Broadway）上的雷克特餐廳（Rector's）是嗜吃美食的鐵路大亨暨慈善家「鑽石」吉姆‧布雷迪（Diamond Jim Brady）時常光顧的愛店，據說他點過四打巴爾的摩（Baltimore）的林黑文牡蠣當開胃菜──這種牡蠣的個頭比藍岬角牡蠣還大上 5 到 7 公分。某天晚上他和演員女友莉莉安‧羅素（Lillian Russell）共進晚餐，兩人一起大啖 12 隻螃蟹、海龜肉和數碗海龜湯、鴨肉、牛排、5 或 6 隻龍蝦、數種蔬菜和麵點，還吃了 910 克巧克力當成餐後甜點。

位在波士頓附近的聯合牡蠣屋（Union Oyster House）於 1826 年開業時原名艾特伍與貝肯牡蠣屋（Attwood and Bacon's Oyster House），成為全美營運歷史最長的餐廳。美國人使用牙籤的熱潮就起源於這家餐廳的廣告噱頭，店家僱請飢腸轆轆的大學生前來示範，在飽食牡蠣之後如何文雅地使用牙籤剔牙。

新開的高級飯店如廣場飯店（Plaza）、華道夫－阿斯托里亞（Waldorf Astoria）和瑞吉（St. Regis）順應潮流供應牡蠣，在火車上的豪華餐車也能享用牡蠣。鐵路公司對於自家廚藝相當自豪，前菜樣式多達 35 道，其中有 7 或 8 道是以不同方式料理的牡蠣。詹姆斯‧布坎南（James Buchanan）於 1857 年就職為總統時，即吩咐就職國宴上要準備 400 加侖的牡蠣。

同一時期在紐約的路邊街角，有成千上萬的小販推著手推車販售連殼生蠔或夾牡蠣肉的熱狗堡，主要賣給比較拮据的客群（紐約的「牡蠣熱狗堡」起源甚至早於紐奧良的「窮小子三明治」〔po'boy〕）。連殼供應的生蠔多半配檸檬汁或醋，一口就能吞下一顆。

燉牡蠣成了美國週日晚餐常出現的傳統菜餚。對略具廚藝者來說，烹煮這道菜簡單快速，只需將牡蠣肉放入鮮奶油或牛奶中略煮，加入奶油增添風味，再加辣椒粉或香芹鹽調味，數分鐘就能上菜。

美國美食家暨社會名流 M. F. K. 費雪於 1941 年出版《牡蠣之書》，書中論點引發了些許爭議，她質疑美國字典編纂專家為何一直無法在字典中另外定義「燉牡蠣」（這道料理譯為法文是「ragoût」），而是堅持將其歸類為烹煮比較費時的湯品：

此張 1930 年代照片中的聯合牡蠣屋於 1826 年開業,是美國營運歷史最長的餐廳。他們為了打廣告,僱用大學生來示範食用牡蠣之後如何用牙籤優雅剔牙。

紐約中央車站燉牡蠣
GRAND CENTRAL OYSTER STEW

紐約中央車站生蠔吧（Grand Central Oyster Bar）行政主廚山迪‧英貝爾（Sandy Ingber）分享餐廳經典料理燉牡蠣的食譜：「我們在吧台後面製作燉牡蠣和煎烤牡蠣，用的銀色吊鍋被紐約市的蒸氣加熱到非常燙，所以（主廚）寇莫‧烏丁（Komor Uddin）只要 2 分 30 秒就能煮好一份燉牡蠣——從 1988 年到現在始終如一。」

1 人份

- ¼ 杯（60 毫升）蛤蜊汁，或 ¼ 杯（60 毫升）水加 ¼ 小匙蛤蜊高湯粉
- 1 大匙奶油
- ½ 小匙伍斯特醬
- ¼ 小匙香芹鹽

- 6 顆牡蠣，去殼後保留汁液
- 2 杯半對半鮮奶油（250 毫升全脂牛奶加 250 毫升乳脂含量 20% 鮮奶油）
- 辣椒粉
- 上桌時搭配的脆餅乾

將蛤蜊汁、奶油、伍斯特醬和香芹鹽放入醬汁鍋混合，以大火加熱。奶油融化時，加入牡蠣肉和汁液一起煮，攪拌至肉的邊緣微微捲縮。用漏勺將牡蠣肉撈起，靜置保溫。

在鍋中加入半對半鮮奶油（牛奶加上乳脂含量 20% 鮮奶油）煮至沸騰，過程中不時攪拌。將牡蠣肉放回鍋裡並關火。將燉牡蠣倒入加熱過的湯盤。灑一點辣椒粉裝飾後，立刻送上桌並附上脆餅乾。

紐約中央車站生蠔吧及餐廳的菜單板。

> 他們兒時在冬季時分，每逢星期天，可能都沒嘗過一種令人舒適
> 又愉快的晚餐，就是在餐桌上擺了鹹餅乾，還有一大盅熱呼呼的
> 奶油燉牡蠣，而量可豐富呢？（引自韓良憶譯《牡蠣之書》第
> 51-52 頁）

　　在吃牡蠣熱潮達到鼎盛之後不久，又開了一家很好的牡蠣餐廳：曼哈頓的紐約中央車站生蠔吧及餐廳。生蠔吧及餐廳於 1913 年開幕，雖然沒能趕上吃牡蠣的全盛期，但位處中央車站地下層的地點絕佳，每年製作著名的燉牡蠣和煎烤牡蠣需要消耗 28.3 萬顆牡蠣，每天預訂的總份數為 600份；每年供應的生蠔則為 170 萬顆，其中超過一半來自藍岬角。

切薩皮克的故事

　　第一批歐洲殖民讚譽切薩皮克灣（Chesapeake Bay）冠絕世界，類似言論傳回歐洲，不僅吸引更多投資者、冒險家、船舶和人員啟航，也引起各國當局頒布相關詔令。

　　在原住民族使用的阿岡昆語（Algonquian）中，根據切薩皮克的景觀特色稱其為「Tschiswapeki」（或拼成 Chesepioc），意即「大貝灣」（Great Shellfish Bay），或者「眾水之母」（Mother of Waters）。「阿岡昆」一詞本身是指「大河上的國度」，就如同河川岔分出多個河口和小海灣，阿岡昆語也發展出分支，成為各部族的族語。

　　切薩皮克的河谷是在距今約 12,000 年至 18,000 年前，即最近一次冰河時期末期形成。浮冰融化之後，水流漫溢谷地和薩斯奎哈納河（Susquehanna River）河口，形成自紐約州庫珀斯敦（Cooperstown）以迄維吉尼亞州南部、綿延 320 公里的廣大海灣，48 條主要河川和 100 條較小支流皆由此入海。數百年來，分屬鹹水和淡水的大西洋潮汐與河水在眾多河流出海口匯注，造就了規模和複雜多樣程度驚人的生態系，也成為全世界繼哈德遜河（Hudson）之後最為著名的牡蠣床分布地。資源富饒的切薩皮克自然成為兵家必爭之地，其名稱本身就與美國建國初期的重大歷史事件密切相關。

　　河口水分的鹽度範圍介於 0%（北邊）到 3.5%（近海）之間，對早期歐洲移民來說，鹽度影響的絕不只是牡蠣群體的生存。移民需要依靠鹽醃食品過冬，而比起在更北邊或內陸落腳的移民，偏南邊和沿海的移民更具有商業上的優勢。喬治·華盛頓（George Washington）製作鹽醃鯡魚販賣給北邊移民以及西印度群島的種植園，獲利頗豐。

　　切薩皮克灣是美國最大的河口灣，可航行的海岸線長達 6,400 公里，最寬廣處為 48 公里寬——是炮彈無法飛越的距離，殖民者因此頗為惱怒——水深很少超過 6.7 公尺，陽光熱度能夠穿透淺水，河口灣海床各處於是成為

> 牡蠣之豐盛令人難以置信，行船時還得特別繞過整大塊長滿牡蠣的岩
> 礁。此處牡蠣床的規模遠勝英格蘭，至少是英格蘭的四倍之多。
>
> 　　法蘭西斯・路易・米歇爾（Francis Louis Michel），1701 年。

海草、浮游生物和其他海洋生物蓬勃生長的地方。取一滴河水置於顯微鏡
下觀察，會發現乾淨的水中生機盎然，充滿許多海洋生物與微生物。

　　從原住民戰爭（Native American wars）、公海海盜劫掠活動、南北戰
爭、地方械鬥、變賣土地，到 20 世紀的汙染事件和棄島遷徙等諸多重大事
件，皆以切薩皮克為中心。切薩皮克或許可說比西部更像蠻荒之地。在河
口灣水底有超過一萬艘遭到遺棄的沉船正逐漸分解，全是西班牙人與英國
人之間、維尼吉亞人和馬里蘭人之間及其他仇恨爭鬥的墓碑。富豪的週末
遊艇勝地之下，埋藏著一段紛爭不斷的血腥歷史。

　　爭鬥衝突和商貿往來也影響了語言，於是出現例如「欽科提科」這個
表示「水上仙境」的迷人地名，或是據說名稱源自會飛躍至水面的小型魚
類「正鰹」（skipjack tuna）的採蠔用「V 型底帆船」（skipjack），此種
特殊 V 型船底是為了確保船隻裝載大批牡蠣時不易翻覆。也有些字詞隨
著時代變遷，例如引人幽思的波科莫克（Pocomoke）一名原意是「暗黑河
流」，此地從前是新英格蘭毛皮獵人的渡船頭，現今大部分劃為保護區。

名字有學問

　　維吉尼亞州許多地方仍沿襲舊有的原住民語名稱，例如歐南考
克（Onancock）意指「多霧之地」，普庫森（Poquoson）表示「沼澤
低地」，馬納沙斯（Manassas）意謂「水之盡頭的部族」，阿薩渥曼
（Assawoman）意指「岩灣」，蓬果提格（Pungoteague）的意思則是「沙
蠅河」。

　　也有數條河流保留原住民語名稱。只消看一眼早期的地圖，就會發

大自然的宏偉畫室

「城市擴張」——費茲・亨利・連恩，《巴爾的摩風景》（*View of Baltimore*, c.1850）。

陽光照射下，水面閃動粼粼金光，畫布上的波浪彷彿泛著油光，乍看竟莫名像是出自英國畫家透納（Turner）的手筆。在一年中不同的時節，河口風光在霧氣籠罩下就成了一片藍與白。船隻攪動起的浪花與雲朵的形狀相互呼應。河口周圍一片平坦，造就了一望無際的景觀，在風平浪靜的寧靜氛圍中，變幻莫測的光影令人眩目，取景時沙灘、岸邊的米草（cordgrass）和虯結老樹都一覽無遺。日出和日落時海平面透出來的光是攝影師心目中的王道，切薩皮克正是大自然其中一座最宏偉的畫室。

無怪乎透光主義畫派（Luminism）宗師納薩尼爾・羅傑斯・連恩（Nathaniel Rogers Lane）會以家鄉切薩皮克為題材，他創作了多幅出色的風景畫，大多呈現廣闊的天空和細膩講究的細節。他後來改名為費茲・亨利・連恩（Fitz Henry Lane），但仍專注於航海題材，此幅《巴爾的摩風景》於1850年完成，呈現因牡蠣產業和罐頭業而發達的熱鬧河岸，在河邊玩耍的皆是家境富裕的孩童，背景中隱約可見數棟興建中的摩天大樓。

現該地各個部族領地是如何以河岸為界，支流就是不同區域之間的自然邊界。瑪塔波尼（Mattaponi）和帕蒙基（Pamunkey）既是河名，也是現存兩個小型保留地的名稱。拉帕漢諾克河（Rappahannock River）之名則相當詩意，是指「急漲急降的水流」。波多馬克河（Potomac）之名意指「物品帶往之地」，也就是「交易之河」。維吉尼亞州的厄班納鎮（Urbanna）之名也表示「交易之地」，此地曾有一塊牡蠣床和一座菸草種植園，至今每年仍舉辦牡蠣節。

但有些城鎮郡縣的名稱則呈現濃濃英格蘭風，諸如基爾福（Guildford）、密德瑟斯（Middlesex）、迪爾（Deal）、斯托克頓（Stockton）、牛津、劍橋、里奇蒙（Richmond）、薩塞克斯（Sussex）、薩弗克、薩默塞特、格洛斯特、埃克斯穆爾（Exmoor）、蘭卡斯特（Lancaster）和樸茨茅斯，似乎傳達鄉愁，又帶有一絲諷刺意味。也有些地名大膽向英國國王表忠，例如查爾斯角和其他紀念「威廉王」、「喬治王」的地名。此外也有地方以「法蘭西鎮」、「維也納」、「馬其頓」、「蘇格蘭」、「巴黎」或「基爾馬諾克」為名。敦夫里斯（Dumfries）曾是地位媲美波士頓和紐約的重要港口，直到 1763 年左右開始發生泥沙淤積，在南北戰爭中飽受戰火摧殘，主要作物則從原本的菸草改為小麥和糖。

有些地名則可看到明顯的宗教元素，例如帕森維爾（Parsonville，意為「牧師市」）、最簡單直白的勒夫（Love），以及最初買賣土地的條件是全區禁絕威士忌的坦普倫斯維爾（Temperanceville，意為「節制市」）。另一些地名的直白程度也令人好奇：「女人灣」、「女士區」、「現金城」、「盜賊島」或最簡單的「泥巴地」，其他如「半人島」或「陷阱肚」等地名更是耐人尋味。

地名也可能更動。據記載樸實鎮（Modest Town）於 1836 年擁有大片牡蠣床，各種漁獲頗豐，此地名稱是以兩位經營供餐漁民宿舍的婦女為名，於 1861 年一度改名梅普斯維爾（Mappsville），之後又改回樸實鎮，後來又再次改名為桑德蘭霍（Sunderland Hall）。

地名最直白的莫過於位於南提科克河（Nanticoke River）東岸靠近河口處的「雙殼貝鎮」（Bivalve），該河則是在馬里蘭州的威科米

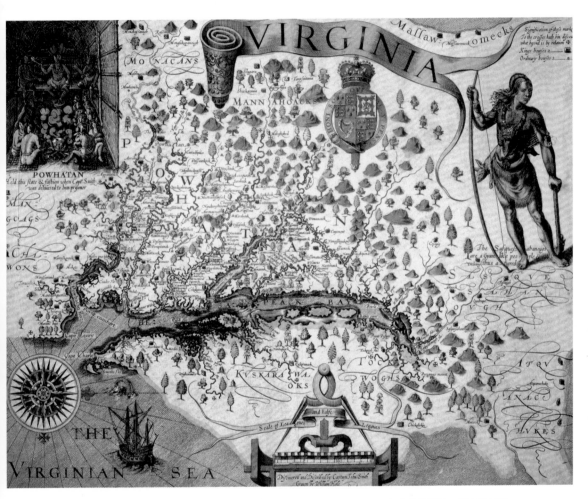

此幅 1624 年維吉尼亞地圖特色為左上角的原住民波瓦坦族（Powhatan）酋長雕版圖；從地圖中可看到該區各部族的分布情況，許多地方和河流的原住民語名稱仍沿用至今。

科郡（Wicomico）匯入切薩皮克河。雙殼貝鎮原名「華特斯維爾」
（Waltersville），由來是當地種植園主人暨港口權利人的家族姓氏，但在
1887 年設立郵局後，因與位在菲德里克郡（Frederick）的華特斯維爾鎮撞
名——另有一說是與沃克斯維爾（Walkersville）名稱太相近——需要另取
新名，後來由郵局局長艾里克·威林（Elrick Willing）依據牡蠣這項小鎮的
經濟命脈重新命名。「威科米科」的名字比較迷人，意思則是「建造屋舍的
地方」。

500 英畝的礁床

有一種主張是最早在 11 世紀就有歐洲人發現切薩皮克，發現者可能
是維京人探險家索爾芬·卡爾塞夫尼（Thorfinn Karlsefni）；另一種說法
則認為最早的發現者應是義大利人喬瓦尼·達·韋拉札諾（Giovanni da
Verrazzano），他在 1524 年沿著今南北卡羅來納州和緬因州之間的海岸航
行；還有一種假說指稱發現者應是西班牙人佩德羅·梅南德茲·德·阿維
萊斯（Pedro Menéndez de Avilés），其人後來於 1566 年建立了聖奧古斯丁
的聚落。西班牙耶穌會教士曾在約克河（York River）河畔建立聚落，但
於 1572 年遭到美洲原住民滅村。歐洲人最早是在海上接觸美洲原住民，來
自歐洲的船隻進入水產富饒的水域捕魚，科德角（Cape Cod，或譯「鱈魚
角」）即因此得名，而歐洲人之間也開始流傳一些駭人聽聞的故事，例如
原住民「用貝殼將人活活剝皮」。

美洲原住民食用牡蠣時會生吃或是用火烤，外殼則會留下來當作飾品
或以物易物。棄置的牡蠣殼持續堆積，一年比一年多，形成連續多座且體
積龐大的貝塚。紀錄中最大的一座貝塚位在波多馬克河支流波普溪（Popes
Creek）附近，深 7 公尺，占地達 12 公頃。馬里蘭州的港口城鎮克里斯菲
德（Crisfield）是在將沼澤地填滿牡蠣殼所造的陸地上建城，自 1663 年建
城後就以此特色為賣點大肆宣傳。

現今的牡蠣生長在河口海底看不見的地方，還排列得整整齊齊，在以
前絕非如此。歐洲移民最初抵達時，只見巨大礁床於低潮時突露水面，其

上堆疊生長著無數世代的牡蠣。牡蠣礁可說是河口的肺，濾食浮游生物的同時也將水濾淨。據說河口的水清澈見底，甚至可以看見位於水面下 6 公尺的海床。

瑞士旅行家法蘭西斯·路易·米歇爾於 1701 年寫道：

> 牡蠣之豐盛令人難以置信，行船時還得特別繞過整大塊長滿牡蠣的岩礁……我們原本要在國王溪下船，搭乘的單桅小帆船卻在經過一片牡蠣床時觸礁擱淺，只能停在原地兩小時等待漲潮。

這些牡蠣礁的歷史據估計可能已有 5,000 年之久。馬克·吐溫（Mark Twain）寫道：「在一個海拔 150 公尺的地方，在道路比較高的那一側的垂直路堤高 3 或 4.5 公尺，在路堤鑿出一個切口就能看到三層牡蠣殼層，就好像我們在內華達州或蒙大拿州，挖開路面就有石英礦脈露出來。」

真實的寶嘉康蒂

著名的早期探險家約翰·史密斯船長（Captain John Smith）於 1608 年即寫道，美洲原住民很歡迎他，禮貌好客的他們還送了他許多禮物。或許是因為約翰·史密斯是出手闊綽的買家，他需要購買大批食物以免最早這群歐洲移民挨餓，而他買到的主要是鱘魚和牡蠣。關於與原住民族的第一次會面，他留下相當生動的記述：

> 駛入塔克沃河（Tockwogh）之後，一支土著船隊將我們團團圍住，船上的土著全都帶著武器；幸好其中有一名土著會講波瓦坦語，他說服其他人不要對我們動武，不過他們又看到我們帶了馬薩沃梅克人（Massawomeck）的武器，我們就謊稱是奇克阿坦族那裡搶來的；他們帶我們去他們的城鎮，城鎮周圍有柵欄並披覆樹皮，看起來很正式的支架狀高台上鋪著樹皮，他們的男人、女人和小孩殷勤招待我們，鋪蓆子讓我們坐下，不停唱歌跳舞，還獻上魚、毛皮和水果，使盡渾身解數表達他們的熱情好客。

　　寶嘉康蒂（Pocahontas）是波瓦坦族酋長的女兒，她對待約翰・史密斯及其他殖民者很友善，時常將他們急需的物資送到殖民聚落詹姆斯鎮（Jamestown）。然而，隨著殖民聚落不斷擴張，殖民者與波瓦坦族的衝突也開始加劇。在 1613 年的衝突中，英格蘭人俘擄了寶嘉康蒂，以她為人質勒索贖金。寶嘉康蒂最後改信基督教，與一個英格蘭人結婚並旅居英格蘭，她在 1617 年踏上返鄉之旅，但還未離開英格蘭就逝世。如今回顧這段往事，假如早期歐洲殖民者和美洲原住民確實曾經渴望保持貿易往來、和平共存，各自以基督教和菸草互通有無，那麼寶嘉康蒂無疑是這股渴望的化身。

　　薩斯奎哈納族（Susquehannock）勢力強大，會欺壓切薩皮克數個較小的部族。聖瑪麗城（St Mary's City）最初得以建城，即是因為薩斯奎哈納族於 1634 年 3 月攻擊當地的約寇馬科族（Yoacomaco），並在約寇馬科族逃亡後，將土地整理成現成的可耕地並送給白人移民。原住民甚至教導移民如何釣魚和採撈牡蠣，移民聚落有了取之不盡的牡蠣，前景無疑一片大好。各個原住民部族結為聯盟並以皮斯卡塔威族（Piscataway）為首，聯盟中心所在地與現今華盛頓特區市中心相距僅 16 公里，聯盟成員包括分布於今馬里蘭州南部的帕塔克森（Patuxent）、南吉邁（Nanjemoy）、馬塔潘（Mattapany）、威科米科、波托帕科（Portopaco）、瑪塔渥曼（Mattawoman）和查提科（Chaptico）等部族。此地的弱小部族與長島的原住民部族抱持類似想法，認為與具備武力的歐洲移民和士兵成為盟友，會更有利於與敵對部族抗衡。

　　無論美洲原住民或白人移民，看待盛產牡蠣的海灣並無二致，他們不想定居沿岸從事養殖，只想採撈劫掠一番之後，邊跳戰舞邊駕船順水而下炫示自己勢力強大。水底之物對他們來說毫無價值可言，他們只想要大肆搜刮之後就離開。其後他們甚至試圖將牡蠣床當成某種保留地作為賞賜，但大多成效不彰。

寶嘉康蒂生前唯一留下的肖像畫，此幅油畫繪者不詳，是根據西蒙‧凡‧德‧帕斯（Simon van de Passe）於 1616 年完成的寶嘉康蒂雕版肖像畫所繪。

「黑傑克」

對很多黑人來說，駕著小船採撈牡蠣固然艱辛，卻代表了自由和脫離社會底層的希望，他們經營牡蠣生意之餘也帶回世界上其他地方的消息，因此在群體中贏得同胞的敬重。聯邦政府於 1796 年開始實施「海員漁民保護證書」（Seamen's Protection Certificate）制度，將這些自採自售牡蠣的黑人定義為「公民」，他們於是成為美國第一批黑人公民，有「黑傑克」（Black Jack）之稱。

但亦有法令明顯帶有種族歧視意涵，且惡意對付黑人。馬里蘭州於 1836 年提出一項法案，內容為禁止黑人於任何噸位大到須依法登記的船隻擔任船長，違法者的船隻將遭政府沒收後拍賣，拍賣所得的五成將頒發給檢舉者作為檢舉獎金。

然而無論黑人或其他找不到更好出路的人，採牡蠣都是順理成章的選

站在船邊採撈牡蠣的黑人，1905 年前後攝於切薩皮克灣。

擇。市場上對海鮮的需求相當高，而且採牡蠣幾乎不需要什麼成本，即使已有比較大且資本雄厚的公司在經營牡蠣生意，一般人來當牡蠣小販也能賺錢餬口。在黑人能找到的工作之中，採牡蠣的報酬算是極為優渥。

傳統夾鉗式耙具運使起來非常吃力，在天候惡劣時尤其辛苦，進入較深的水域採撈更是無比艱辛。這種夾鉗式耙具長度為 2 到 7 公尺，有點像互相交叉的兩把園藝用耙子，耙頭上有尖齒可扣住牡蠣後自礁床撬下投入籃筐。採撈牡蠣的工作費時費力，不論動作快慢都需要高明的技巧，但就算採牡蠣再怎麼辛苦，尤其在南北戰爭之後，大多數黑人因此有機會成為自僱者。及至 1890 年，僅馬里蘭州就有超過 3.2 萬人從事牡蠣產業，其中超過一半是獲得自由的黑奴。

以採牡蠣為生的人家通常住在海邊的兩房小木屋裡，他們自成一個社群，卻成為種菸草、種水果或其他行業致富的高傲英格蘭裔群體和律師鄙視的對象。討海為生的人活在截然不同的世界：充滿磨難和險阻，酒不離口，家常料理是一鍋煮到底，靠著鹹肉、麵包填飽肚子，當然也會吃牡蠣。受到壓迫的討海人團結對外，要是有人想尋求宗教的慰藉，會偏好英國國教以外的基督教派如貴格會（Quakerism）或長老宗（Presbyterianism）。人命不值錢。冬季時冰天雪地，年僅 25 歲的婦女生產後筋疲力竭，男人一個個滿頭白髮。夏季時不僅要忍受會傳染瘧疾的病媒蚊、蜘蛛、胡蜂和其他蜂類，還必須提防一旦發生就帶來毀滅性災害的颶風。

住在水邊的人家一貧如洗，住在新興城市裡的人民生活則看似順遂如意，分布於海岸和城市之間的則是勢力日漸龐大的農民群體。討海人獨樹一格且深以為傲，他們和家人身穿條紋外套，長褲褲管捲至膝上，頭上戴著小頂圓帽，夏季時會駕船載運西瓜、鹹魚和番薯到城市。他們桀驁不馴、頑固不屈且自成一國，於南北戰爭時宣布效忠北方政府（the Union），但也為南方各州組成的「邦聯」（the Confederacy）走私槍枝。採蠔人是居住在新興社會邊緣的個人，他們和他們賴以維生的牡蠣床也因此在政治上相對弱勢，始終無法抗衡自 20 世紀初即想要開發利用海灣的既得利益者如化工公司、房地產開發商和休閒漁業團體。

克里斯菲德：鄉村酒吧之都

　　採牡蠣熱潮最初興起時，東岸的克里斯菲德與西岸的舊金山同樣惡名昭彰。克里斯菲德原名薩默斯灣（Somers Cove），由來是在安梅賽克斯（Annemessex）一帶獲授 120 公頃土地的班傑明·薩默斯（Benjamin Somers）之姓。再次更名的原因則眾說紛紜，有一說是 1866 年前後，來自薩默塞特郡、事業有成的律師約翰·伍德蘭·克里斯菲德（John Woodland Crisfield）眼光獨到，認為在鎮上發展漁業前景大好，打算修築一條直通港口的鐵路，方便漁夫將漁獲直接運往波士頓；有些人聲稱城鎮是為了紀念這位律師才改名克里斯菲德。也有一說是克里斯菲德是個笨手笨腳的胖子，某次於港口勘查時，因腳下一塊木板斷裂而掉入冰冷的安梅賽克斯河（Annemessex River），當局為了安撫他，於是將鎮名改為克里斯菲德。

　　無論真相為何，克里斯菲德的水岸碼頭擠滿了船員漁夫，酒館高朋滿座。酒館裡的活動不外乎聚賭、召妓和飲酒，採蠔人大多是賭鬼兼酒鬼，克里斯菲德就是那個年代的拉斯維加斯。在此地設籍的船隻數量與巴爾的摩不相上下，許多漁船只在切薩皮克灣一帶採撈牡蠣就能維持基本生計。

　　南北戰爭之後，克里斯菲德這個建築物以高架支撐、地基並不穩固且有許多小船停泊的水畔城鎮，因受惠於鐵路交通，一躍成為帶來致富捷徑的商業重鎮。克里斯菲德的景象，足以讓參加一日遊行程的《諾福克市號》（City of Norfolk）郵輪乘客大感詫異。約翰·溫納斯坦（John R. Wennersten）在其影響深遠的著作《切薩皮克灣的牡蠣戰爭》（The Oyster Wars of Chesapeake Bay）中如此記述：「眼前的城鎮是以支架在水邊搭建而成，鎮上全是支架撐桿和大大小小、樣式各異的船隻，他們看到之後大為驚訝。這就是克里斯菲德，一個建於牡蠣殼之上的牡蠣之城，它是鄉村酒吧之都，也是丹吉爾海峽牡蠣帝國的霸主。」

　　克里斯菲德成了窮人、初來乍到者和公民權遭剝奪之奴隸的聖地，這裡有許多黑人牡蠣剝肉工，只要速度夠快、五秒內能剝好一顆牡蠣交給「過濾工」（skimmer）洗淨，就能成為雇主看重的珍貴人力。工資是以剝好的牡蠣肉來計算，每加侖 3.5 元美金在當時算是不低的薪酬。

帶殼牡蠣料理
OYSTERS ON THE SHELL

　　加入其他食材後將牡蠣連殼放入烤箱以上火炙燒而成的料理是餐廳的經典菜色;烹調處理時務必將外殼清洗乾淨,並刮除內側的鉸合韌帶。

賭場版(Casino)

　　將切碎的紅蔥頭與切碎的紅甜椒加奶油炒 5 分鐘至出水,加入卡宴辣椒粉(cayenne pepper)調味,拌入切碎的新鮮巴西里。在每顆帶殼牡蠣上加一小匙混合好的食材,再蓋上一片培根。炙燒 5 分鐘。

波本版(Bourbon)

　　將數瓣大蒜和一根墨西哥辣椒放入研缽中搗碎,加入少許糖和一小杯波本威士忌。在每顆帶殼牡蠣上加 ½ 小匙混合好的食材,炙燒 3 分鐘。

歐陸版(Continental)

　　將切碎的紅蔥頭、大蒜和奶油放入小醬汁鍋內,炒至出水。將一顆番茄去皮、去籽並切碎後加入鍋中,加入胡椒粉或辣椒粉調味。煨煮 5 分鐘,加入一杯白蘭地。煮 1 分鐘收乾,將去殼的牡蠣肉放入鍋內再煮 1 分鐘,將牡蠣肉舀起置於牡蠣殼內。

窮人版

　　將一杯紅酒醋與一片月桂葉和百里香一起煮至水分幾乎收乾,加入一杯波特酒,再次煮至收乾呈黏稠狀。加入一杯紅酒,煮至沸騰後離火。加入切碎的紅蔥頭和蝦夷蔥。將煮好的醬料與去殼牡蠣肉一起置於牡蠣殼內。

美國南方

　　西班牙征服者最早發現美洲時是在今美國南方登陸，但歐洲殖民者稍晚才在此地建立聚落，有些法國殖民者則是從加拿大遷居的第二代移民。原本居住在偏東的今喬治亞州和阿拉巴馬州一帶的原住民於 18 世紀向南遷徙後定居，今佛羅里達州的「阿帕拉齊科拉」之名原意即為「另一邊的人」。而在海灣周圍，同樣發現許多古代原住民文明遺留的巨大貝塚。博物學家威廉・巴特拉姆（William Bartram）於 1792 年記述他在薩凡納河（Savannah River）旁懸崖發現突露的巨大牡蠣化石，外殼長度 40 至 50 公分，「下凹處大得足以容納一名普通男子的腳掌」。據地質學家考證，這些牡蠣可能生存於西元前 5,000 萬年。喬治亞州伯克郡（Burke County）有一座由白堊岩構成、高 30 公尺的貝殼崖（Shell Bluff），巍峨聳立的崖壁上留下許多史前時代災難後遺留的碎屑和泥土，但其中仍有完整的牡蠣殼，表示此地從前很可能是海岸。

　　墨西哥灣（Gulf of Mexico）西起馬德雷潟湖的下潟湖（Lower Laguna Madre）和阿蘭薩斯灣（Aransas Bay），到法國移民聚居的凱尤湖（Caillou Lake）和特勒波恩灣（Terrebonne Bay）的沼澤地，直到東邊的密西西比灣（Mississippi Sound）一帶、莫比爾灣（Mobile Bay）及阿帕拉齊科拉灣（Apalachicola Bay），處處可見牡蠣礁。有些牡蠣礁非常廣大，在早期航海圖中甚至會註記為對航行安全造成危害。

　　墨西哥灣周圍各州的牡蠣產業發展落後東岸至少百年，直到鐵路開通，墨西哥灣的牡蠣才開始銷往紐奧良、拉法葉（Lafayette）和巴頓魯治（Baton Rouge）等新興城市。

　　德州流傳著一則故事，講述一隊騎警圍剿一群原住民叛軍，將他們困在現今聖體市（Corpus Christi）附近的懸崖與小海灣之間。騎警紮營過夜，等待翌日發動攻擊。到了早上卻發現海灘空無一人，原住民叛軍憑空消失，海灘上只留下一排朝向海岸的馬蹄印，但海灣卻看似難以涉渡。其實

> 這片海岸與廣闊的紐芬蘭大淺灘（Bank of Newfoundland）同為牡蠣王
> 國，而聖羅倫斯河及河口灣則是鱈魚的天下。我們在這些淺水區域航行
> 時會盡量靠近海岸，岸邊的樹木上攀附著大量滋味獨特的小牡蠣，海邊
> 還有許多個頭較大但滋味略遜的牡蠣，牠們在海水中形成一塊塊牡蠣
> 礁，我們起初還誤以為是與海面齊平的礁岩。
>
> 　　皮耶‧德‧拉夏洛瓦（Pierre de la Charlevoix），《新法蘭西的歷史
> 與概況》（Histoire et description générale de la Nouvelle France）

　　原住民叛軍是取道「礁岩路」（Reef Road）逃往紐愛西斯（Nueces）的海
灣，礁岩路可說是一座由水面下一連串相接的牡蠣礁形成的隱形橋梁，在
退潮時可供馬匹和馬車通行且不至於過重崩塌，到了滿潮時就會沒入水面。

　　卡朗卡瓦人（Karankawa 或 Carancaquaca）在今加爾維斯敦
（Galveston）和聖體市之間的濱海草原過著游牧生活，他們身材高大（超
過 180 公分），男人個個肌肉發達，下唇和乳頭皆有穿環，第一批歐洲殖
民者見到的卡朗卡瓦人皆赤身裸體。會在身上塗抹短吻鱷的脂肪來驅蚊。
西班牙探險家卡貝薩‧德‧瓦卡（Cabeza de Vaca）於 1528 年遭逢船難時獲
得卡朗卡瓦人救助，他記述了這個部族是如何身強體壯：「渾身赤裸在炎熱
陽光下走動……冬天時大清早在戶外洗澡……用自己的身軀撞破冰層。」
他描述他們射出的箭矢穿透一頭熊之後，還能再飛出 40 公尺之遠。卡朗
卡瓦人以驍勇好戰聞名，據稱還會食用人肉，不過食人似乎與飲食偏好無
關，而是以食人的儀式來象徵吃掉敵人的靈魂（卡貝薩‧德‧瓦卡承船上
曾發生人吃人事件時，卡朗卡瓦人聽聞後面露驚駭）。

　　卡朗卡瓦人會將樹幹挖空打造出獨木舟，駕著獨木舟採撈牡蠣、蛤
蜊、扇貝和其他軟體動物，也會獵捕海龜、魚類、小型鯨豚和短吻鱷及採
食淺水區的水生植物。他們會依季節享用當令食材，例如在初春時大啖牡
蠣。卡朗卡瓦人與歐洲人的最初數次接觸都以災難收場：在卡貝薩‧德‧
瓦卡之後前來的第一批白人是西班牙奴隸販子，他們擄走卡朗卡瓦族男
人，將舊世界的疾病傳染給留下來的卡朗卡瓦族婦女；接著前來的法國人
則強占卡朗卡瓦人的土地。

牡蠣寮裡的童工

關於濱海地區的貧困與剝削問題，攝影師很快就找到可入鏡的題材。其中佼佼者莫過於在紐約教書的路易斯·海因（Lewis Wickes Hine），他拋下工作，以相機鏡頭揭露自紐約到密西西比河三角洲的東岸沿海牡蠣寮、罐頭工廠和其他血汗工廠僱用童工的真相。海邊的牡蠣多如沙粒、俯拾即是，但負責採撈的往往是孩童，甚至是年僅四歲的幼童。

對海因來說，相機是報導事實並將之公諸於世的工具，他在 1907 年獲美國國家童工協會（National Child Labor Committee）聘為首席攝影師，其紀實攝影作品促進了美國童工相關法規的全面改革。海因鏡頭下的那些孩童通常每天凌晨 3 點上工，一直工作到下午 5 點才休息。當地普遍流傳的說法是：「小孩子一學會用刀就可以去剝牡蠣。」海因是透過塞紅包和哄騙才得以進入牡蠣寮拍攝，不得其門而入的時候，他會選換班時間等在外頭，趁著童工上工或下工時拍照。

牡蠣剝肉工將去殼的牡蠣肉投入容量 1 加侖的大罐子裡，他們每天可以剝1,000 到 2,000 顆牡蠣，不過童工能處理的量比較少。密西西比河三角洲的工廠中只有白人童工，他們多半跟著父母親一起工作。檢驗人員恩尼斯特·英格索（Ernest Ingersoll）陳述雖然工作報酬頗豐，「但是好人家的女兒絕不會從事這種行業，因為會被潑濺得渾身泥汙，雙手遍布難以癒合的割傷和瘀青。」牡蠣剝肉工為了自保，會戴上羊毛、橡膠或皮革製的「指套」（cots）。

美國於 1938 年通過《公平勞工標準法》（Fair Labor Standards Act），以此部聯邦法確立了童工的工時。海因拍下的童工照片推動了法規改革，其報導風格也成為經濟大蕭條時期其他攝影師和後來的八卦小報師法的典範。

路易斯·海因拍攝的照片記錄了
20 世紀初期路易斯安那州多家
牡蠣寮僱用童工之情事。

南卡羅來納州好運芝麻燉牡蠣
SOUTH CAROLINA OYSTER AND
SESAME LUCKY STEW

這道古老的查爾斯頓料理結合了芝麻和牡蠣兩種食材，當時的人相信芝麻是能帶來好運的植物。

4 人份

- 4 大匙芝麻
- 2 大匙切碎的培根
- 2 大匙花生油
- 1 顆洋蔥，去皮後切碎
- 2 大匙麵粉
- 24 顆牡蠣，刷洗乾淨
- 1 又 ½ 杯（375 毫升）鮮奶油（乳脂含量 36% 以上）

- 1 又 ¼ 杯（300 毫升）魚高湯
- 1 小匙新鮮百里香
- 1 顆檸檬，榨汁備用
- 1 小匙芝麻油
- 1 大匙切碎的新鮮巴西里或細葉香芹
- 鹽與胡椒
- 佐餐用脆餅乾或抹奶油的烤吐司

將芝麻放入中型厚平底鍋，以中火加熱約 5 到 7 分鐘，至芝麻顏色變深且散發香氣後將鍋子離火。將一半的芝麻用湯匙壓碎，另一半的芝麻置於一旁備用。在同一只平底鍋中放入培根和花生油，拌炒 5 分鐘。將炒好的培根取出，熱油則留在鍋內。將洋蔥和壓碎的芝麻放入留有熱油的鍋內，拌炒 3 分鐘至洋蔥出水，過程中持續攪拌。加入麵粉，再炒 2 分鐘。

將去殼的牡蠣肉放入中型平底鍋內，保留殼內汁液。取另一只中型平底鍋，放入鮮奶油並以小火煨煮。接著將魚高湯、牡蠣汁液和百里香依序加入鍋中，同時持續攪拌。以小火煨煮 5 分鐘。接著加入牡蠣肉、剩下一半未壓碎的芝麻、檸檬汁、芝麻油和巴西里。最後加上碎培根，上桌時搭配脆餅乾或抹奶油的烤吐司。

置於冰塊堆中保存的新鮮活牡蠣。

冷藏保冰的時代

　　阿帕拉齊科拉灣包含聖喬治灣（St. George Sound）和聖文森灣（St. Vincent Sound），面積達 540 平方公里的河口灣寬闊但水淺，退潮時的平均水深僅 1.8 至 2.8 公尺。採蠔人就駕著長 6 到 7 公尺的木造小船，在淺水中採撈牡蠣。他們會在船上先將採撈到的牡蠣分級並裝入粗麻布袋，在回到岸邊之前會先遮蓋住裝牡蠣的袋子。牡蠣寮僱用的「雜工」（houseman）會將送上岸的牡蠣分級，可能裝袋或裝箱後販售，或是交由其他工人開殼剝肉並清洗後以品脫或加侖計價販售。

　　約翰‧葛里醫師（Dr. John Gorrie）於 1851 年發明的製冰機在地方上造成轟動，他的鄉親更為他設立了博物館，館內至今仍保存他最初設計的機器。但是阿帕拉齊科拉地區的商人並不是靠著冰淇淋致富，他們很快就為新發明的人造冰塊想到了新的用途，也在不久後迎來巴斯德殺菌法，得以借助新的保存技術將牡蠣運送到北美洲大陸的另一端。到了 19 世紀末，海產商已經為五十餘座城市供應以冰塊保存的新鮮牡蠣。

　　約翰‧魯吉（John G. Ruge）於 1854 年生於阿帕拉齊科拉，其父赫

曼・魯吉（Herman Ruge）在 1840 年代初期自德國漢諾威（Hanover）移居美國。約翰與其弟喬治都在父親開設的「赫曼・魯吉父子機械五金行」工作，這家店於 1885 年更名為「魯吉兄弟罐頭公司」（Ruge Brothers Canning Company）。兩兄弟研讀了歐洲科學家路易・巴斯德（Louis Pasteur）關於細菌的研究成果，以「短吻鱷」（Alligator）為品牌行銷以巴斯德殺菌法為基礎的牡蠣殺菌處理技術。

阿帕拉齊科拉北方鐵路（Apalachicola Northern Railroad）於 1907 年開通後，運送冰存保鮮牡蠣的「亞特蘭大牡蠣直送專車」（Oyster Special to Atlanta）也開始營運。1915 年時正常出航的採蠔船為 117 艘，駕船的採蠔人有 400 人，各家牡蠣寮的剝肉工人總計 250 人，還有許多人員分別在兩家罐頭廠工作，每天可生產多達 5 萬個牡蠣罐頭。

比洛克西

比洛克西（Biloxi）是另一個牡蠣產業重鎮，此地是密西西比河谷最古老的法國移民聚落，早在 1850 年代即為熱門度假勝地，尤其以牡蠣、蝦子、海綿等海產著稱。

比洛克西早期曾與杜布羅夫尼克（Dubrovnik，位於昔日的南斯拉夫〔Yugoslavia〕、今克羅埃西亞〔Croatia〕境內）的船隻有貿易往來，杜布羅夫尼克的水手似乎早在 1700 年就和比洛克西一帶的人打過交道，許多東歐人從杜布羅夫尼克出海來到紐奧良。眾多不同族群受到這個與眾不同的美國城市吸引，他們發現可以靠牡蠣和觀光產業維持生計，於是在此落腳。

此地對外的鐵路於 1869 年開通。第一家罐頭工廠洛佩茲與艾爾默公司（Lopez, Elmer & Company）於 1881 年創立，公司由當地的三人共同持有，分別是一名在古巴致富的西班牙移民、一名來自赫爾（Hull）的英國人，和一名來自印第安納州弗雷德里克斯堡（Fredericksburg, Indiana）的美國北方人。新工廠陸續設立，對勞力的需求也與日俱增，工廠周圍開始出現附設店鋪的營地及面寬很窄的狹長型「獵槍小屋」（shotgun housing），自給自足的獨立聚落逐漸成形。城市人口於 1890 年達到 3,234 人。直到世

約 1906 年的明信片，呈現在密西西比州比洛克西約翰．克拉克牡蠣寮（John H. Clark Oyster House）外頭的牡蠣剝肉工。

紀之交，比洛克西已有 5 間罐頭工廠、9 家牡蠣商和 5 座居無定所的東歐人聚集的營地。鄰近的巴拉塔利亞（Barataria）有 500 人從事相關行業，一半的人在工廠工作，另一半負責出海採撈；洛佩茲與艾爾默公司則擁有 60 艘漁船組成的船隊。

　　規模最大的移民潮發生在 20 世紀最初十年。在比洛克西一帶落腳後，男人以跑船為業，婦女則到罐頭工廠當女工。其中包括路易斯安納州的卡津人（Cajun）[4]，由於 1920 年代甘蔗發生嚴重病害造成歉收，難以維持生計的卡津人遂大舉南遷至與法國裔或西班牙裔祖先有淵源的地方。

---

4. 編註：他們的祖先主要是來自法國的阿卡迪亞人（Acadians）。這些人在 18 世紀因英法衝突而被逐出加拿大東部的新斯科舍地區，最終遷徙到美國南部，形成了獨特的卡津文化。

　　無論待在陸地或出海，生活同樣艱辛。每間工廠各自採用聲音不同的哨子，以哨音指示有漁獲到港並召集員工回到崗位。工廠裡終年寒氣逼人，尤其冬天的牡蠣產季更是冷徹入骨。女工全都穿著厚重長筒襪，還用報紙裹住雙腿保暖，她們的雙手因為長時間處理冷冰冰的蝦子而凍僵。一名婦女回憶自己的母親會從家裡送好幾盆熱水來給孩子暖手。

　　去殼剝肉的工資是按件計酬。婦女八人一組，各自備妥牡蠣刀、單隻手套，以及蓋住持刀那隻手拇指食指的小塊護指布，在推車兩側各站四人，將去殼後的牡蠣肉放入附在推車旁的杯子裡，每個杯子大約可盛裝一加侖的牡蠣肉。從卸下漁獲的碼頭一直到工廠內部和廠區皆鋪設了軌道。男人將運來的牡蠣傾倒至推車裡，每次會有 4 或 5 台推車送入加熱開殼用的蒸氣箱，之後會有約 9 台推車從蒸氣間魚貫而出，沿著軌道駛進去殼間，八人一組在推車旁工作的婦女通常團進團出，她們可說是工作團隊，彼此之間往往是親友關係，有些團隊的成員全是東歐人或卡津人。

　　為了因應牡蠣市場的龐大需求，造船業也成了重要的附屬產業，當地廠商更特別打造符合採蠣人需求和適合在墨西哥灣水域航行的船隻。早期最常見的採蠣船是稱為「貓船」（cat boat）的平底單桅縱帆船，然而要供應給工廠的牡蠣量大增，這種小帆船的載運貨量卻有限，噸位和動力都更大的雙桅帆船於是取而代之。

　　1893 年一場颶風風災造成多艘採蠣船毀壞，業者精進造船技術，他們新造出來的一批帆船後來稱為「比洛克西雙桅帆船」（Biloxi schooner）。這種帆船與切薩皮克和巴爾的摩的雙桅帆船類似，船幅極寬，可容納許多船員，吃水淺故適合在內陸水域航行，風帆提供的動力則足以拉動撈捕牡蠣和蝦子用的拖網，船隻全長則在 15 到 18 公尺之間，歷來最大的一艘瑪麗・瑪格麗特號（*Mary Margaret*）最多可載運 500 桶牡蠣。

　　造船廠後來又發明了稱為比洛克西「採蠣艇」（Biloxi "lugger"）的動力船，船艙位在船尾，空出來的前甲板可供擺放漁獲進行汰選。1933 年頒布的密西西比水產保育相關法規開放可用動力船進行拖撈作業，比洛克西雙桅帆船此後逐漸絕跡。

　　為了防止他人盜採牡蠣，採蠣人會待在船上守護礁床。儘管州政府制

長島純正海味工廠（Seapure Works）中製作外銷牡蠣罐頭的景象，攝於 1932 年。

定了相關法規，水域上種種不法行為依然猖獗。密西西比州自 1870 年開始一律禁止在夏季採撈牡蠣，其後陸續通過旨在規範優良漁業行為的法案，但守法者少之又少。即使到了現今，盜採牡蠣者仍可處以 750 美金罰金及 120 天徒刑。

越南移民於 1980 年代來到比洛克西，他們擅長駕船捕魚且偏好聚集在同一地區，於是投入牡蠣產業，與一百多年前的東歐人可說如出一轍。在卡崔娜颶風（Hurricane Katrina）釀災之前，居住在比洛克西的越南人超過 2,000 人，占密西西比州越南人族群的 51%。定居比洛克西的越南人開起店鋪和咖啡館。最蓬勃的產業不再是採牡蠣，而是於 1992 年合法化的博弈產業，一夜之間就能為老舊碼頭區吸引 6 萬名來客。

品牌經營的藝術

　　品牌經營的概念在巴爾的摩逐漸成形，業界開始認知到食物在撈捕或採收後，可以經過長途運送、包裝和殺菌，再加上活潑字體、醒目色彩和深植人心的標誌予以呈現。冬季登場的是牡蠣，夏季則換成佛羅里達州的水果。

　　業者早期曾採用玻璃瓶罐，但玻璃容器還是太過脆弱，在運往西部途中很容易破裂。紐約的湯瑪斯·肯賽特（Thomas Kensett）和埃茲拉·達吉特（Ezra Daggett）於 1819 年首創牡蠣罐頭，巴爾的摩在 20 年內成為罐頭業重鎮。當時的空罐頭是用手工切割出金屬薄片，包住模子捲出圓柱形罐身後焊接封住，罐底和罐蓋同樣以手工切割後焊接。罐蓋會留一個孔洞供填裝牡蠣，最後再焊接密封起來。手巧的工匠一天可以製作 60 個空罐頭。

　　肯賽特的兒子是引領新興罐頭產業發展的先驅之一，巴爾的摩不僅成為罐頭業重鎮，也成為標籤製作和貨運網路的中樞，最主要的商品即是牡蠣。佛羅里達、比洛克西和華盛頓州普吉特灣（Puget Sound）分別到 1884 年、1916 年和 1931 年才開始發展罐頭業，由此可見巴爾的摩的領先地位。到了 1930 年代，業者才開始推出蟹肉罐頭。

　　最早期的牡蠣罐頭品牌名稱簡潔有力，各家廠商或採用簡單好懂的品牌名稱，例如「主廚牌」（Chef）、「美食家」（Epicure）、「太陽」和「滿月」，或加入產地名如「切薩皮克之光」（Pride of the Chesapeake），或在品牌名稱帶入經營理念，如「保證新鮮牡蠣」（Reliable Oysters）及其標語「我們的品名和座右銘就是保證新鮮」。罐頭於是成為一種直白扼要、一目瞭然的資訊傳遞媒介，有些圖像設計相當出色，或至少有著精美排版。存留至今的牡蠣罐頭在收藏家圈子裡仍屬珍品，品相最佳者賣價可達 2,000 美金，不過大部分的市價僅約 20 美金，現在仍可找到未開封過的牡蠣罐頭。

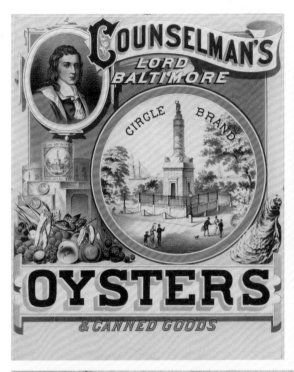

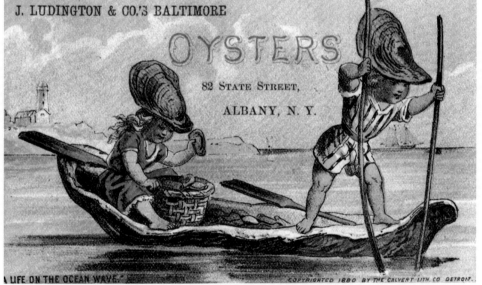

上圖順時針起：康索曼公司（Counselman's）巴爾的摩爵士圓標牡蠣及其他罐頭食品（Lord Baltimore Circle Brand Oysters and Canned Goods）宣傳海報；麥威廉公司（H. McWilliams & Co.）「即開即食牡蠣幫您增肌增重」（Eat Express Brand Oysters and Grow Fat）宣傳卡；約 1880 年的勒丁頓公司（J. Ludington & Co.）「巴爾的摩牡蠣」宣傳卡呈現虛構的海濱場景，採蠔小童划的小船和戴的帽子皆為牡蠣殼。

什錦飯
JAMBALAYA

這道變化版什錦飯有點類似「清冰箱料理」，讓人聯想到早期善用食物儲藏室中的零碎食材，烹調出一餐來填飽肚子的煮法。此道料理很像義大利燉飯，融合了來自西班牙、法國及義大利料理的基本元素，某種程度上也向美洲原住民以粗粒玉米粉（cornmeal）煮製的玉米粥致敬。

4 人份

- 2 顆洋蔥，去皮後切塊
- 1 整顆大蒜，去皮後切塊
- 煎炸用植物油
- 1 株西洋芹，切段
- 2 顆小型青椒，切塊
- 雞雜：雞脖子、雞胗、雞心

- 24 顆牡蠣，刷洗乾淨
- ½ 杯（80 克）白米
- 1 顆雞肝，切塊
- 1 小匙奶油
- 10 根蔥，切成蔥花

於燉鍋（見備註）中放入洋蔥、大蒜和油，以中火炒 2 至 3 分鐘至出水。加入西洋芹和青椒，充分攪拌後煮 10 分鐘。加入一點水保持溼潤。將雞雜放在最上方後加蓋。

將半數牡蠣去殼後放入燉鍋，再加入 2 杯（500 毫升）水。接著加入白米，燉煮至少 10 分鐘將米煮熟。將雞肝埋入煮熱的米飯裡。加入奶油和剩下的牡蠣，加蓋後離火，靜置 5 分鐘。灑上蔥花裝飾。

備註：在家或許可改用兩只醬汁鍋（可能沒那麼道地），將雞雜另外放一鍋燉久一點（約一小時）煮成高湯。

紐奧良的採蠔艇。

紐奧良料理

　　紐奧良一帶堪稱族群和文化大熔爐，交融相混而成的地方料理同樣豐富多元、充滿新意。船上的生活艱苦難熬，男人起居睡覺都在船上，只有用餐時間能稍微休息。比洛克西雙桅帆船上設有只放得下一個鍋子的炭火爐。廚子煮什麼都是一鍋煮到底的大鍋菜。傳統什錦飯的煮法，是將洋蔥放入鍋裡以小火慢燉至少一小時，接著加入西洋芹、大蒜、伍斯特醬、番茄醬、卡宴辣椒粉、塔巴斯科辣椒醬（Tabasco）和少許水調味，再燉煮至少 30 分鐘。目前為止就像變化版的法式洋蔥湯，但接下來就會以此為基底，加入白米、巴西里、洋蔥葉、牡蠣肉、牡蠣汁和鹽，燉煮至少一小時。

　　比洛克西的烘焙坊會為採蠔人特製「船麵包」（boat bread），一條只賣 5 美分，採蠔人每餐都吃菜配這種麵包。每艘船各有引以為傲的拿手好菜，但所有人都喝一樣的飲料：咖啡、摻水的甜葡萄酒，以及在比洛克西釀造的巴克麥根沙士（Barq's root beer）。

牡蠣三明治或「窮小子三明治」並非與西班牙和法國有淵源的克里奧混血料理,而是由紐奧良人自北歐文化承繼而來,是中產階級吃的高級牡蠣麵包(oyster loaf)所衍生的紐奧良版本。老饕認為「窮小子三明治」裡那塊從中間對剖的麵包很重要,只有紐奧良特定數家烘焙坊出爐的法式麵包才道地。醬料則看個人喜好,也可以再加萵苣、美乃滋、番茄、辣醬和培根。炸牡蠣常當成餡料,與蝦料理及烤牛肉佐肉汁並列紐奧良招牌料理。塔巴斯科辣椒醬的名稱「Tabasco」原意為「珊瑚或牡蠣殼之地」,由麥克漢尼家族(McIlhenny family)於南北戰爭結束後首創,在鄰近紐奧良的新伊比利亞(New Iberia)是常用的三明治淋醬。

當地另一項特產是製法承襲法國的「藥草聖者」(Herbsaint)烈酒,可替代苦艾酒,在製作「牡蠣版」蘇格蘭蛋(Scotch egg)時可以添加這種烈酒增香,酒精在烹調過程中會揮發,而牡蠣肉在油炸之前,會先用煙燻內臟香腸(Andouille sausage)混合麵包粉調成的麵糊沾裹形成脆皮。

餐廳文化

美國南方餐廳推出的招牌料理揚名海外,其中最著名的莫過於紐奧良安東餐廳(Antoine's)朱勒‧阿西亞托(Jules Alciatore)於 1899 年首創的「洛克菲勒牡蠣盤」(oysters Rockefeller)。這道全新菜色脫胎自餐廳原本供應的焗烤蝸牛,取名時借用了石油大王洛克菲勒的姓氏,當時的美國首富與當地幾無淵源,或許阿西亞托是希望吸引這位富豪到自家餐廳光顧。時至今日,安東餐廳的菜單上仍註明此道菜是「本店首創」。

阿西亞托坦承他設計這道菜只是為了替代蝸牛料理,由此可證巴西里和大蒜才是料理的精華所在,其他只是陪襯。據說他要求餐廳所有員工宣誓保密,絕不洩露成分的確切用量比例。安東餐廳還供應其他獨家牡蠣料理,包括佐番茄培根醬汁的「熱月焗牡蠣」(huîtres thermidor)、加入蘑菇和雪莉酒的「艾利斯炸牡蠣」(huîtres à la Ellis)、將牡蠣肉裹粉油炸後佐肥鵝肝和烤吐司的「福煦炸牡蠣」(huîtres à la Foch),以及將牡蠣肉裹粉並抹奶油後烘烤而成的「巴爾薩澤」開胃小點(canapé Balthazar)。

首創「洛克菲勒牡蠣盤」的紐奧良市安東餐廳。

洛克菲勒牡蠣盤
OYSTERS ROCKEFELLER

　　這道料理有很多變化版，有些會加菠菜或西洋芹，有些會加乳酪。懶人版是直接加荷蘭醬送入烤箱炙燒。有許多版本的食譜會加當地辣椒醬或保樂茴香酒（Pernod），而紐奧良人會用在地的「藥草聖者」烈酒取代保樂茴香酒。有些食譜配方也會加入鰻魚和伍斯特醬，但真正道地的食材成分仍是大蒜和巴西里。

2 人份

- 6 顆牡蠣，刷洗乾淨
- 3 瓣大蒜，去皮後切碎
- 炒大蒜用的奶油

- 25 克切碎的綜合葉菜和香草植物：巴西里、芝麻葉和豆瓣菜（watercress）
- 6 大匙（45 克）麵包粉
- 2 塊檸檬角，上桌時搭配

　　預熱烤箱（只開上火），將上火調至最高溫。將去殼的牡蠣肉放入中型平底鍋內，保留殼內汁液。清洗空殼，將剝下的牡蠣肉逐一放回乾淨的外殼，置於托盤上備用。將大蒜和奶油放入小醬汁鍋中，以中火炒至大蒜出水。加入綜合葉菜和香草植物。混合麵包粉和牡蠣汁，再拌入調味後的奶油成為醬料。在每顆牡蠣上放厚厚一層醬料。炙燒 30 秒，或直到醬料最上層開始變成棕褐色。放上檸檬角即可上桌。

凱蒂・韋斯特與夜總會歌舞秀的興起

現代的夜總會歌舞秀（burlesque）是脫衣舞和大腿舞的前身，在紐奧良大行其道，其中一齣最早的劇目是以凱蒂・韋斯特（Kitty West）為主角的《牡蠣女伊凡潔琳》（*Evangeline the Oyster Girl*）。夜總會歌舞秀最初在 1940 年代興起於波旁街（Bourbon Street），是一系列香豔火辣的歌舞表演，其布景華麗盛大，演繹的故事情節簡單。表演廳到了半夜時會關閉所有門扇，舞台上煙霧繚繞，旁白聲音響起：「午夜時分，在路易斯安那州的沼澤深處，一個巨大的牡蠣殼開啟⋯⋯」接著凱蒂・韋斯特就跳了出來。

凱蒂本尊的人生精采跌宕，許多農家女孩都有類似的經歷。她本名艾比・珠兒・史洛森（Abbie Jewel Slawson），出生於密西西比州一個窮苦家庭，在棉花田裡練習跳舞。她的父親在她 14 歲時拋下妻小，全家陷入困頓。凱蒂和一個朋友想辦法來到紐奧良，她立刻被歌舞女郎和歌舞秀廣告看板吸引。「她們在我眼裡就像貴族。」她後來寫道。

加斯帕・古洛塔（Gasper Gulotta）的夜總會頭牌「颶風小姐」突然癲癇發作，凱蒂因此有了嶄露頭角的機會。古洛塔看過艾比跳舞，說服她接下代班表演的重任。工作人員很快幫艾比戴上假睫毛、換穿高跟鞋，接著節目主持人步上舞台，介紹「大膽凱蒂」（Kitty Dare）登場。

凱蒂的表演立刻成為波旁街的熱議話題，後來她帶著招牌劇目《牡蠣女伊凡潔琳》跳槽至皇家賭場（Casino Royale），現今的歌舞雜耍表演者仍會演出這齣劇目的不同版本。她後來前往美國中西部各地表演歌舞秀，這種表演就是今日拉斯維加斯表演秀的前身。凱蒂一點都不羞怯怕事，她曾帶著十字鎬去找競爭對手，打算敲破對方表演時用的道具水箱，她還有先見之明，事先知會了《生活》（*Life*）雜誌一名攝影師。半裸的她遭警方押送到拘留所，仍很配合地在拘留所前與逮捕她的警官合照，相關新聞由美聯社發送出去，隔週就登上多家報紙頭條，一時之間聞名全國。凱蒂後遭當局開罰 10 美元，但她仍是當紅的歌舞女郎，曾和歌手梅爾・托美（Mel Tormé）傳出戀情，後來與騎師傑瑞・韋斯特（Jerry West）結婚，之後也順利將招牌劇目傳承下去，授權其他年輕女舞者繼續扮演牡蠣女郎。

「牡蠣舞」

喬治・施密特,《牡蠣舞》（*The Oyster Dance*, 1987）。

爵士樂手兼畫家喬治‧施密特（George Schmidt）在其中一幅描繪客廳場景的畫作中，呈現了紐奧良上流社會生活不那麼浪漫的一面。畫面中央是一名豐腴的紅髮脫衣舞孃，她身上除了一副耳環之外一絲不掛，置身於紐奧良某戶體面人家高朋滿座的聚會，正在為賓客送上托盤上已開殼的生蠔。她羞答答地以一手遮覆私處，另一手拿著一顆開殼生蠔。當看畫者體認到畫面中展現的窮奢極欲，就無法再感受到任何生之喜樂。座上賓客大多是半禿的白人男性，背景中那名老婦人可能是老鴇，而舞孃臉上的愉悅表情是裝出來的。似乎有人暗中策畫了什麼，但情勢並不明朗。畫面只捕捉到那個瞬間。前景中有一個眼神輕佻的男人正大笑歡呼，他將手中那顆生蠔舉高，似乎在說：「看看我拿到什麼！」

這幅畫作呈現了典型的紐奧良風情，刻畫出當時各個「牡蠣城」繁華時期淫逸墮落的細節，高貴體面的另一面就是卑鄙骯髒，而牡蠣一如久遠以前，並存在窮人和富人的世界。

颶風季

　　自 21 世紀初開始侵襲墨西哥灣沿海的強大颶風屢屢留下大量沉積物，摧毀了過半的牡蠣礁。颶風艾克（Ike）於 2008 年橫掃加爾維斯敦，造成超過 3,200 公頃的牡蠣礁遭淤泥掩蓋。時任美國總統歐巴馬推動災後重建計畫，措施之一是補助德州堆置岩石以防海浪湧入。聯邦政府撥款 700 萬美元作為颶風艾克致災後的救災經費，其中 270 萬用於重建牡蠣礁，140 萬用於堆置岩石，130 萬用於補助採蠔船清除覆蓋牡蠣礁的淤泥。

　　佛羅里達州聖露西港（Port St. Lucie）的牡蠣於 50 年前滅絕，但為了復育牡蠣礁，已重新放入 3,000 萬個附苗用的母殼。西岸馬林郡（Marin County）的托馬雷斯灣（Tomales Bay）面對的則是另一種難題。當地原生種「奧林匹亞牡蠣」（Olympia oyster，學名 *Ostrea lurida*）因過度捕撈而滅絕後有其他種牡蠣移入，奧林匹亞牡蠣無法在此重建棲地。即使改變生態系，也未必能成功重現往昔的輝煌。

　　切薩皮克灣遭到的破壞最為嚴重，但也可能成為復育最成功的典範，在切薩皮克灣已展開大規模復育，在各個層級獲得的援助甚至勝過其他歷史悠久的牡蠣產區。現今切薩皮克灣的牡蠣族群數量僅為百年前數量的零頭而已，在海灣及周邊河流水域已放入馬里蘭大學環境科學中心（Center for Environment Science）霍恩岬實驗室（Horn Point laboratory）培育的超過 7.5 億個牡蠣苗，自 1994 年開始放入的養殖牡蠣苗和母殼總值已超過 6,000 萬美元。歐巴馬將切薩皮克灣的牡蠣復育列入優先政策，礁床的牡蠣有半數成長至殼長約 10 公分時才開放採撈，能夠永續經營的牡蠣礁才是真正的獎賞。老牡蠣較多的礁床不僅產量更大，抗病能力也更佳，而老牡蠣本身就是很有價值的商品。

　　美國各地水域的生態健康紛紛亮起紅燈，無法維持永續牡蠣產業的水域名單愈來愈長，包括納拉干瑟灣、佩科尼克灣（Peconic Bay）、大南灣（Great South Bay）、巴尼加特灣（Barnegat Bay）、欽科提科灣、馬傑克灣（Mobjack Bay）、約克河、拉里坦灣及舊金山灣（San Francisco Bay）。哈德遜河和紐約一帶的河床在越戰期間則曾有橙劑（Agent Orange）流入，

採蠔人駕駛比洛克西雙桅帆船行經密西西比灣的鹿島（Deer Island）。

當時政府管理環境的嚴謹程度已不言自明。曾有一段時間，牡蠣看起來即將成為瀕危物種。

目前仍適宜牡蠣生長的河口位在較北方，大多在加拿大境內。美國東岸著名的海灣中，只有韋弗利港、長島灣西部自諾瓦克（Norwalk）至米爾福德（Milford）一帶、牡蠣灣（Oyster Bay）與諾斯波特港（Northport Harbor）、拉帕漢諾克河及帕姆利科灣（Pamlico Sound）仍是牡蠣產地。

經歷卡崔娜颶風的侵襲後，南部莫比爾灣、密西西比灣、加爾維斯敦、馬塔哥達（Matagorda）和聖安東尼奧灣（San Antonio Bay）等地的牡蠣礁慢慢復原。美國西岸除加州德雷克河口灣（Drakes Estero）和洪堡灣（Humboldt Bay），較北邊的格雷斯港（Grays Harbor）也有持續生長的牡蠣礁，此外加拿大英屬哥倫比亞沿海河口仍盛產牡蠣，阿拉斯加近年更一躍成為重要產區。

德墨魚子醬沙拉
TEX-MEX CAVIAR

這道「德墨魚子醬沙拉」以甜椒和豆子為主要食材，上菜時可加入生蠔（或烤牡蠣、煙燻牡蠣）一起包入墨西哥薄餅（tortilla），牡蠣在此扮演調味料的角色。牛仔沿河而下前往河口時，可能會隨身攜帶這種食物，旅途中還能撈幾顆生蠔配著吃。

4 人份

- 1 顆紫洋蔥，去皮後切碎
- 1 顆墨西哥辣椒，去籽後切丁
- 1 根胡蘿蔔，去皮後切丁
- 1 顆紅甜椒，切丁
- 1 顆黃甜椒，切丁
- 1 顆紅蔥頭，切碎
- 品質優良的煎炒用橄欖油

- 1 罐（8 盎司或 200 克裝）熟米豆（black-eyed pea），沖水後瀝乾
- 3 大匙紅酒醋
- 1 小匙糖
- 1 大匙切碎的新鮮巴西里
- 1 大匙切碎的新鮮百里香
- 24 顆牡蠣

在中型醬汁鍋裡放入紫洋蔥、墨西哥辣椒、胡蘿蔔、紅甜椒、黃甜椒和紅蔥頭，加入橄欖油以中火炒約 5 分鐘至蔬菜出水變軟。接著加入米豆、紅酒醋、糖、巴西里和百里香。將鍋子離火，將鍋內食材倒入密封罐內醃漬；置於冰箱冷藏可保存兩週。要食用時，將去殼後的牡蠣肉放入魚子醬沙拉，充分攪拌後即可上桌。

檸汁醃牡蠣
OYSTER CEVICHE

炎炎夏日，無論在哪間酒吧，檸汁醃生魚（ceviche）都是最受歡迎的料理。從美食學的角度來看，檸汁醃生魚運用的技巧與巧味牡蠣醬（參見第 111 頁）不同，因為多種食材浸漬之後的風味會相互融合。以檸檬汁醃漬生魚或其他海鮮的料理傳統相當普遍，從美國西岸到智利皆很常見。事實上，厄瓜多的攤車小吃堪稱檸汁醃海鮮界的翹楚，擅長結合蔬菜和不同的魚貝海鮮。浸漬 10 分鐘入味就好，過猶不及。所有食材應全程保持冰涼。

4 人份

- ¼ 顆紫洋蔥，切碎
- 5 顆萊姆，榨汁備用
- 1 顆番茄
- ½ 顆青椒

- 6 顆牡蠣，刷洗乾淨
- 鹽
- 1 大匙切碎的新鮮芫荽葉
- 葵花油或清爽的橄欖油

在中碗裡混合紫洋蔥和萊姆汁。將番茄去皮、去籽和去汁，將剩下的果肉切碎。將青椒切小丁。放入中碗裡，冷藏至少 10 分鐘。將牡蠣去殼，將牡蠣殼內的汁液倒入中碗裡。將牡蠣肉切成小塊後拌入。加鹽。最後，加入芫荽葉並攪拌。以雞尾酒杯盛裝後上桌。

美國西部

　　從前的加州盛產牡蠣，有移民於 1893 年描述破碎風化的貝殼碎屑「自聖馬提歐（San Mateo）向南形成綿延十數英里閃閃發光的潔白沙灘」，有些貝殼的年代甚至可以追溯至西元前 4000 年。貝類海鮮不僅是部落的主食之一，在原住民信仰中也扮演要角。貝殼既是貨幣，也能當成帶有法力的護身符。

　　舊金山當地的原生牡蠣一如黃金，很快就被採掠一空。在約翰・薩特將軍（General John Sutter）發現金礦的前一年，即 1848 年，登記在案的舊金山居民還不到 600 人。當時的舊金山光禿一片、遍地泥巴，忽然有一大群拚了命想致富的人湧入。一年內來了 4 萬名淘金客，翌年又有更多人抵達。有些人走陸路過來，有些人從東方繞過海岬前來，有些人取道巴拿馬（Panama），也有些人遠從南美洲趕來。成千上萬的人湧入舊金山，這座貿易城市幾乎立刻就變得熱鬧滾滾。

　　牡蠣貿易在 1899 年達到巔峰，當時每年平均賣出 130 萬公斤牡蠣，但到了 1908 年，周圍水域因城市快速擴張而遭汙染，牡蠣產量隨之減半。及至 1921 年，舊金山的牡蠣床再無生機。

　　美國其中一道最著名的牡蠣料理「牡蠣歐姆蛋」（Hangtown Fry），也是公認第一道加州料理，就紀念了舊金山的淘金熱盛事。另一種說法是舊金山一名死囚臨刑前，被問到人生最後一餐想吃什麼，他就點了全城最貴的兩種食材。這道料理的由來也有其他說法，雖然故事更為精采且鉅細靡遺，但可信度或許不高。一般認為牡蠣歐姆蛋食譜源自凱利之家飯店（Cary House Hotel），但食譜的起源年代通常認定是 1849 年，而飯店所在的加州第一棟磚砌建築物直到 1857 年才興建完成，因此這個說法有點可疑。由於第一批趕上淘金熱致富的人稱為「四九年淘金客」（forty-niners），講故事時指稱食譜源自 1849 年，或許只是借用這個方便好記的年分。創始食譜早於 1849 年的可能性則更低，因為那時候的移民十分稀少。

淘金熱前的舊金山灣景象，**1846-1847** 年。

　　牡蠣歐姆蛋料理名稱中的「Hangtown」（字面意思為「絞刑鎮」）即現今的普萊瑟維爾（Placerville），從前是為南福克（South Fork）淘金者補給物資的據點。據說某天有三名（另一種說法是五名）亡命之徒遭吊死在城鎮裡一棵巨大的白橡樹上，城鎮自此得名「絞刑鎮」，而直到現今，到大街上某家酒吧的地窖裡仍能看到那棵橡樹殘存的樹樁。

　　當地流傳的說法則指稱，食譜源自黃金城飯店（El Dorado Hotel）附設酒館，黃金城飯店店址即為現今凱利之家飯店所在地。飯店與「絞刑樹」（Hangman's Tree）隔街相望，是淘金客淘到黃金後聚集慶祝的地方。黃金城飯店後來在一場火災中化為焦土，傳說灰燼中找到的黃金就足以支付新

建凱利之家飯店所需資金。

傳說一名採礦人——在某些故事裡他還有綽號「下襬彎」（Shirt-tail Bend，亦有一說是來自「下襬彎」這個地方）——衝進黃金城飯店附設酒館，宣稱他在附近的溪流淘到黃金，想要大肆慶祝。他解開腰帶，將揣著的金塊攤在吧台上給大家看。採礦人轉頭告訴酒保：「我要點你們店裡最好、最貴的那道菜，我發財了，要慶祝一下好運氣。」

主廚說他只有層層包裹、經過塵土飛揚的崎嶇長路好不容易送來的雞蛋，從波士頓運來的培根，和每天放入冰塊堆保冷從舊金山配送來的新鮮牡蠣。「您來挑吧，」他說，「您想吃什麼，我都能煮。」

採礦人回答：「要炒一大堆蛋跟牡蠣，加一點培根之後送上來。我餓死了。到加州以後，我幾乎每天都只吃罐頭豆子過活，現在終於有錢好好吃一頓。」

喬治‧雷歐納‧赫特（George Leonard Herter）和貝瑟‧赫特（Berthe E. Herter）合著的《野營廚師正宗祕傳食譜及烹飪實務》（*Bull Cook and Authentic Historical Recipes and Practices*）記述的食譜由來比較不浪漫，指稱這道料理源自舊金山：

> 一名男子帕克（Parker）於 1853 年在開設了一家名為「帕克換匯所」（Parker's Bank Exchange）的酒館，店址就在哈勒克將軍（General Halleck）興建的著名建築蒙哥馬利大樓（Montgomery Block）。帕克發明了「牡蠣歐姆蛋」料理，其名聲傳遍舊金山和周圍區域。當時男士們的晚間大餐，就是幾杯酒飲配上一道牡蠣歐姆蛋。無論真正的來歷為何，這道料理成了 19 世紀末期淘金者營地的招牌菜。

牡蠣歐姆蛋的食譜有多個不同版本，例如有些版本裡是將牡蠣裹粉後油炸，其他食材則一起烹煮。其他版本會先拌炒甜椒、洋蔥甚至大蒜，再依序放入培根和牡蠣，最後才加蛋。美國早期著名料理中另有類似但不加培根的「威廉斯堡牡蠣」（Williamsburg oysters），流行於長島和切薩皮克灣沿岸，起源的年代比牡蠣歐姆蛋早了至少半世紀。

牡蠣歐姆蛋
HANGTOWN FRY

這份約 1850 年的食譜源自位於加州普萊瑟維爾大街的藍鈴咖啡館（Blue Bell Café），該店現已停業。

在長柄平底鍋放入兩片培根，煎至酥脆。將兩顆蛋輕輕攪打成蛋液。將煎好的培根像鋪鐵軌一樣平鋪在淺平底鍋鍋底靠邊處，在培根上倒一點蛋液。將牡蠣肉放在培根上，再倒入剩下的蛋液。將煎熟的蛋皮捲起即成歐姆蛋。

威廉斯堡牡蠣
WILLIAMSBURG OY STERS

4 人份

- 煎炒用的奶油
- 1 顆洋蔥，去皮後切塊
- 1 把（75 至 100 克）新鮮巴西里，切碎
- ¼ 株西洋芹，切段
- 1 小匙核桃醬（walnut
- ketchup）或伍斯特醬
- 1 顆檸檬，榨汁和切片裝飾用
- 24 顆牡蠣，刷洗乾淨
- 1 小撮卡宴辣椒粉
- 2 顆蛋，打成蛋液
- 2 杯（90 克）新鮮麵包粉

烤箱預熱至 220℃。在大醬汁鍋中以中火融化奶油並翻炒洋蔥、巴西里和西洋芹。加入核桃醬或伍斯特醬及檸檬汁調味。將去殼後的牡蠣肉加入鍋中。加入卡宴辣椒粉。加入蛋液並攪拌，將鍋子離火。將牡蠣肉連同蔬菜及蛋等配料逐顆舀起放回殼內。灑上麵包粉，放入烤箱加熱至冒泡。放上檸檬片裝飾。如果配料看起來比較乾，在每顆牡蠣上再加一點奶油。

寂靜令人敬畏

美國西岸的故事與東岸和南岸大異其趣。法蘭西斯‧德瑞克（Francis Drake）在 1579 年即曾沿著整段西岸航行，之後為西班牙效力的胡安‧德富卡（Juan de Fuca）也在 1592 年採取同樣的航線，但直到兩百年後才有白人船隻再次現蹤西岸，尤其是在西北方水域活動。在 1860 年代之前只有零星的殖民聚落，西岸仍是未經開發的荒野。當地原住民懷抱敵意，加上冬季嚴寒、海象惡劣，廣闊的內陸盡是蠻荒之地，移居墾荒的生活孤立無援，西岸北部於是成為最晚出現殖民聚落的地區。

喬治‧溫哥華（George Vancouver）於 1792 年春季駕船進入胡德海峽（Hood Canal），他記述海峽「純粹靜定」，大自然的「寂靜令人敬畏，只有偶爾響起的渡鴉粗啞鳴叫、海豹的鼻息或老鷹的尖銳叫聲劃破寧靜。」

胡德海峽是一座冰河形成的峽灣，位在普吉特灣（Puget Sound）和奧林匹克半島（Olympic Peninsula）之間。有五條主要河川流入胡德海峽並在河口形成優良的牡蠣床，自東到西依序為朵斯瓦歷普河（Dosewallips）、杜卡布希河（Duckabush）、哈瑪哈瑪河（Hamma Hamma）、史科寇米許河（Skokomish）和大奎爾森河（Big Quilcene），後者是現今全世界最大的牡蠣養殖場。基薩普半島（Kitsap Peninsula）則有數條較小的溪河向西匯入這些大河。史夸辛島（Squaxin Island）的原住民部落會將雪松木製成大型獨木舟，在周圍水域航行和通商。北方地區的牡蠣礁因地處偏遠，得以持續生長繁衍。華盛頓州以盛產牡蠣著名，西岸原生牡蠣的俗名「奧林匹亞牡蠣」即取自華盛頓州首府奧林匹亞。北美洲西岸北起阿拉斯加亞歷山大群島（Alexander Archipelago）特林基特族（Tlingit）居住的偏遠地區，南至墨西哥恩瑟納達（Ensenada）的曼努埃拉潟湖（Manuela Lagoon），皆可發現養殖牡蠣的蹤跡。奧勒岡州也有四個知名牡蠣產地：亞奎納（Yaquina）、蒂拉穆克（Tillamook）、溫徹斯特（Winchester）和庫斯灣。許多地方的牡蠣產業至今仍在同一家族中代代相傳，或與早期移民——稱為「拓荒者」也許更貼切——有些淵源。例如來自威斯康辛州（Wisconsin）的淘金客傑克‧布萊納（Jack Brenner），他於 1893 年在普

奧勒岡州波特蘭的丹與路易斯牡蠣吧，攝於 1948 年。

吉特灣將自己的馬賣給原住民，交換數個採撈後盛放牡蠣用的托盤，之後每天花 12 小時徒步往返住處與工作地。

托頓灣（Totten Inlet）的牡蠣如今遠近馳名，奧林匹亞牡蠣公司（Olympia Oyster Company）即於 1878 年在此成立。另外有一名愛爾蘭移民耶利米・林區（Jeremiah Lynch）於 1849 年離開科克郡（County Cork），想要前往加州淘金，最後卻在 35 年後落腳華盛頓領地（Washington Territory），在與托頓灣相鄰的小史克庫姆灣（Little Skookum Inlet）發現致富之道。現今在此灣養殖牡蠣的泰勒（Taylor）家族則宣稱他們的祖父賈斯汀（Justin）最初先跟著懷特・厄普（Wyatt Earp）到亞利桑那州（Arizona）放牧，後來才移居華盛頓州。

現今在波特蘭（Portland）的丹與路易斯牡蠣吧（Dan & Louis Oyster Bar）是由華克斯穆（Wachsmuth）家族於 1907 年創業，他們也經營奧勒岡

牡蠣養殖場（Oregon Oyster Farms）。為了確保永續經營，他們會將供應餐廳的較老牡蠣所遺空殼保留起來，存放一年後再放回亞奎納灣（Yaquina Bay）作為牡蠣苗附著的母殼。他們的祖先麥納·華克斯穆（Meinert Wachsmuth）是一名德國水手，最初是因為所搭乘的採蠔船「安娜·G·道爾號」（Anna G Doyle）遇到船難才留在波特蘭。

及至 1850 年，採蠔船會分別在威拉帕灣（Willapa Bay，當時稱為淺水灣〔Shoalwater Bay〕）及普吉特灣下錨，採撈大量牡蠣之後向南航行至牡蠣資源已幾乎消耗殆盡的北加州，販售給當地的淘金客和生意人。市區的牡蠣售價為一顆 1 美元，但在華盛頓州的售價是一蒲式耳 50 美分。華盛頓州的歐伊斯特維爾（Oysterville，字面意思即「牡蠣城」，亦有「淺水鎮」之稱）曾是全州最富裕的城鎮，時人譽為「西部巴爾的摩」。

有一艘採蠔船「茱麗葉號」（Juliet）於 1852 年航程中遭遇風暴，不得不在奧勒岡州海岸避難，船員被困在威拉米特河谷（Willamette Valley）長達兩個月，船長後來回報在亞奎納河（Yaquina River）發現大量牡蠣、蛤蜊及多種魚類。當地到了 1863 年已成立兩家經營牡蠣採撈和販運的公司，原住民部落代表要求徵稅，公司每採撈一蒲式耳牡蠣要支付 15 美分給部落。

其中一家公司由來自紐約的詹姆斯·韋南特（James Winant）成立，公司旗下船隊活動範圍遍布西部沿海，會前往北方阿拉斯加海域獵捕鯨魚和海象，也會打撈沉船上的物資之後運到舊金山出售。船隻回程時就以牡蠣為壓艙物，一名外地來訪的士兵於 1864 年如此記述在這個早期聚落的所見所聞：

> 歐伊斯特維爾是沿著一座高聳懸崖的陡坡而建，看起來真的就像攀附於山壁，房屋之間以極為狹窄的山徑通連。岸邊滿是浮筒碼頭和船艇，船上擠滿了土著女人（squaw），她們忙著「汰選」牡蠣，一大桶（蒲式耳）可以抽 12.5 美分。勤勞的土著女人工作一天，很容易就能賺到 1.25 美元。雙桅帆船「柯妮莉雅·泰瑞號」（Cornelia Terry）和「安娜·G·道爾號」，以及單桅小帆船「芬妮號」（Fanny）都停泊在城鎮對面的海灣。

美國華盛頓州歐伊斯特維爾港口旁堆積如山的牡蠣殼。

直到兩年後才有公路開通。這些早期聚落的人群來去都走水路，船隻會將貨物載往南方的城市販賣。在此聚居者大多是來自偏遠島嶼的海員，可能來自俄羅斯、斯堪的那維亞半島或奧克尼群島。

也有另一批移民不是為了殖民開墾，是為了毛皮、木材和漁業的商機而來，他們可能是因為與船長有交情而在當地落腳，全靠船長從外頭的世界運來物資補給。他們選擇定居生活，也可能是因為不想再困在窄小的船艙，也不用害怕在海上遇到風浪或海盜。有時運送補給的船隻沒來，移民就靠捕食魚、熊、加拿大馬鹿（elk）和先前一批西班牙人登陸時野放的牛隻維生。

新來的移民可能原本是傳教士，之後從商和從農，比較關心陸地而非海河，完全不了解當地原住民以海河為生的文化，以直接粗暴的手法剝奪了原住民的權利。

引進「太平洋牡蠣」

淘金客眼見難以淘金致富，轉而鎖定原生牡蠣床大肆採撈，他們秉持著美國西部的拓荒精神，推動了新興科學的發展。華盛頓州議會早在1895年就通過《布希法案》（Bush Act）及《凱洛法案》（Callow Act），准許私人取得海埔地所有權。取得土地所有權一事看似單純，卻是西北部海岸得以發展水產養殖業的重大關鍵。

西岸的採蠔人發展出獨門的養殖牡蠣方法。普吉特灣的低潮水位為低於平均海平面1公尺，漲潮水位可達到高於平均海平面5公尺。退潮時會露出廣大平坦的海埔地，暴露在空氣中的牡蠣夏季時可能會熱死，冬季也有凍斃之虞。牡蠣養殖業者於是用水泥和木頭在河口海床築起堤壩，再填入貝殼和碎石鋪出平面，每道堤壩就能在低潮時攔住水位高度5到8公分的海水以保護牡蠣。有些地方甚至會築起由高至低多達五道堤壩，方便養殖業者在牡蠣達到不同生長階段時駕著平底船徒手搬移。

養殖牡蠣業的成功絕非一蹴可幾。牡蠣養殖不易，生長過程中變數很多，業者往往飽受挫折。他們發現養殖牡蠣與種田完全不同，農場裡同一

塊地可以種完小麥再換種其他作物，也可以種牧草供畜養的綿羊和牛隻取食。養殖牡蠣沒有這麼大的彈性，牡蠣可能在某處小港灣生長情況良好，但換一處港灣就無法存活且很難確認原因。歷經一世紀的試誤過程，業者發現「奧林匹亞牡蠣」生長情況最良好的水域包括奧克蘭灣（Oakland Bay）、牡蠣灣、泥灣、小史克庫姆灣以及普吉特灣南側大部分區域。但奧林匹亞牡蠣堅持不移居相距僅數英里的胡德海峽，即使有科學家全程監督，移養始終無法成功。也曾有業者試圖將牡蠣灣以及英屬哥倫比亞拉迪史密斯（Ladysmith）的奧林匹亞牡蠣移養到普吉特灣北側的柏令罕（Bellingham）附近，同樣以失敗收場。

養殖業者也曾嘗試將原生於美國東岸的美東牡蠣（Eastern oyster，學名 *Crassostrea virginica*）移養至太平洋沿岸，一車又一車牡蠣橫越美國送到西岸，先移養至舊金山灣，再移養至威拉帕灣和普吉特灣。運到西岸的牡蠣苗全數死亡，業者改為運來成年牡蠣，放在水溫較低的水中養肥，但多數因為不堪長途運送或無法適應不同水質而死去。業者試著引進「智利牡蠣」（Chilean oyster），但再次失敗。在水溫較低、較乾淨的北方水域中存活的牡蠣只會在較溫暖的夏季產卵，以致收成之後沒有足夠時間讓牡蠣再次繁衍。

美國魚類委員會（United States Fish Commission）於 1899 年開始和東京帝國大學商談，希望引進日本體型最大、生長速度最快的牡蠣（即「太平洋牡蠣」或長牡蠣），認為移養北海道厚岸牡蠣的成功機率會最高。最早數批牡蠣於 1902 年由廣島運抵柏令罕，牡蠣在航程中全數死亡。之後近二十年陸續有數批牡蠣被運往太平洋另一側，最後總是徒勞無功。

直到 1919 年 4 月，終於得以在多次挫敗後高奏凱歌。「麥金利總統號」（*President McKinley*）載運著 400 箱來自仙台附近宮城縣的牡蠣，自橫濱港啟航，歷經 16 天航程後抵達目的地。船員每天替牡蠣澆水降溫，但到了薩米許灣（Samish Bay）準備卸貨，開箱時卻發現牡蠣看起來都死光了，於是將整批牡蠣直接倒入海中。數個月後，令人既驚奇又寬慰的事發生了，水中出現許多年輕牡蠣，牠們必定是在幼苗階段將已死親代留下的殼當成附著生長的基質。

　　委託寄送這批牡蠣的是兩名年輕日本人月本江見（Emy Tsukimoto）和喬‧宮城（Joe Miyagi），他們當時在奧林匹亞附近的牡蠣灣學習養殖作業。他們注意到原生種奧林匹亞牡蠣需費時 4 到 5 年才能長到可採收販售的大小，但個頭仍然比亞洲來的牡蠣還小，需要 2,500 顆奧林匹亞牡蠣才能湊到一加侖牡蠣肉。日本來的太平洋牡蠣個頭較大，只要 2 到 3 年就能長大成熟，他們計算出只要 120 顆日本來的牡蠣就能產出一加侖的牡蠣肉。

　　他們先在奎爾森灣（Quilcene Bay）和威拉帕港（Willapa Harbor）的水域測試，最後選了柏令罕向南 25 公里處、華盛頓州布朗夏（Blanchard）附近薩米許灣內一處已失去生機的牡蠣床經營養殖業。他們與當地一名魚販和其他人士合資，向珠蠔公司（Pearl Oyster Company）買下約 245 公頃的礁床。初期數次實驗證實，較老的牡蠣會在運輸過程中死亡，如果希望牡蠣存活，至少要在冬季數個月生長茁壯，之後必須在春季時搬移。

脆嫩裙邊

　　約翰‧巴恩斯（John Barnes）與厄爾‧紐威‧史提爾（Earl Newell Steele）買下珠蠔公司並更名為「岩岬牡蠣公司」（Rock Point Oyster Company），成為西岸新興牡蠣養殖產業的先驅。

　　他們的第一位客戶是西雅圖（Seattle）唐氏海鮮餐廳（Don's Seafood）和唐氏牡蠣屋（Don's Oyster House）的老闆唐‧伊利（Don Ehle），他將個頭較碩大的養殖牡蠣列入菜單作為今日特餐。新牡蠣在推廣上碰到了阻礙，餐廳顧客對於嘗試新事物有所抗拒，而且這些牡蠣的裙邊顏色比較深。史提爾是天生的行銷好手，他的對策是想出新的廣告詞，想辦法化危機為轉機：「吃牡蠣要看裙邊，看裙邊就知道是生長在普吉特灣純淨水域的新鮮牡蠣，跟奧林匹亞牡蠣一樣有著脆嫩的裙邊。」

　　史提爾準備了脆餅乾夾炸牡蠣，發送給人免費試吃。岩岬牡蠣公司於 1923 年開始販售養殖的太平洋牡蠣，每顆帶殼牡蠣賣 3.5 美分，首年總共賣出 46,975 顆，另賣出共 303 加侖的牡蠣肉，每加侖平均賣價為 4 美元。

美國華盛頓州薩米許灣拉勒比州立公園（Larrabee State Park）。

加拿大：
「充滿獵物」的「豔陽」之地

　　加拿大的牡蠣產區名稱可說各有淵源、饒富興味。不同地名結合了原住民族的米克馬克語（Micmac）以及詩意的法語，也能看出當地的英語族群如何努力融入。紐布朗斯維克（New Brunswick）沙勒灣（Chaleur Bay）旁的卡哈蓋（Caraquet）具有濃厚法國風情，地名原為米克馬克語，意為「兩河匯流處」，是 1755 年至 1763 年間北美洲的法國移民遭驅趕後的落腳處，較近代的歷史皆與法國移民的活動有關，至今仍以法文為首要語言。其他地名如博索萊（Beausoleil，字面意思為「豔陽」）和馬爾佩克（Malpeque）皆可明顯看出與法國的淵源，在愛德華王子島則有薩維奇港（Savage Harbour）和海牛岬（Sea Cow Head）這樣的地名。還有一些地區名稱顯然源自原住民族語，唸起來像是在唱歌，例如新斯科細亞（Nova Scotia）的塔塔馬古什（Tatamagouche）及馬拉加敘（Malagash，字面意思為「充滿獵物之地」），在加拿大西岸的英屬哥倫比亞省則有馬拉斯皮納（Malaspina）。

　　也有些名稱的由來結合了兩種或更多種文化，例如產於禮敬灣（Salutation Cove）的貝德克灣牡蠣（Bedeque Bay oyster）之名。牡蠣產區目錄的編寫者在用字遣詞上也相當用心。據說皮寇岬（Pickle Point）牡蠣：

> 具有象牙白唇瓣，肉質鮮嫩，邊緣略呈柔和的栗棕色，皆是自愛德華王子島結冰的礁床耙撈而得。到了冰天凍地的隆冬，是用鋸子切鑿至冰層深處將牠們挖出來，挖到鋸子難以企及處才罷休。

　　加拿大的海洋三省（Maritime Provinces）有兩個聞名全世界的牡蠣產區，分別是馬爾佩克（Malpeque）和卡哈蓋，後者的牡蠣個頭較小、質地更為細緻，兩產區的牡蠣最早是因為銷往鄰近的紐約而聲名大噪，而紐約

停泊於加拿大新斯科細亞馬爾佩克的採蠔船。

的牡蠣市場如今可說是不同產區牡蠣各擅勝場。貝德克灣牡蠣則在更早以前就已遠近馳名，至少在 1850 年前就為人所知。馬爾佩克牡蠣經由鐵路運往鄰近的紐約，加拿大產牡蠣於是成為各家餐廳的常用食材。

在 1900 年的巴黎世界博覽會（Paris Exhibition），伯利兄弟（Burleigh brothers）以彼特溪（Peter Creek）河床採撈的牡蠣參加世界牡蠣大賽，馬爾佩克牡蠣雖然經過海路長途運送，最終仍在大賽中勝出，確保了滋味鮮美的口碑。

阿卡迪亞人及卡哈蓋

加拿大國界以北地區目前尚未發現貝塚，但許久之前就有人類在此活動。考古學家發現分屬八個部落的陶器，有一部分是西元前 3000 年所遺留。當地氣候條件嚴苛，西雅圖北方的維多利亞湖（Lake Victoria）湖畔地區地處偏遠，過去曾為獸皮交易所，目前確實找到聚居湖畔的第一民族（First Nations）將牡蠣賣給歐洲移民的紀錄。

航海家約翰・卡伯特（John Cabot）打著英王亨利七世（Henry VII）的旗號自布里斯托出海，很可能是在 1497 年於今新斯科細亞的布雷頓角島（Cape Breton）登陸，宣布他發現的土地歸屬英格蘭和羅馬天主教。將近四百年後，一份 1864 年的審計報告記述：

> 河川中盛產優質的鱒魚、鰻魚、比目魚、鯖魚、牡蠣、龍蝦和鮭魚，沿海則有鱈魚和緋魚。島上的牡蠣品質優良，每年皆有大量出口至外地。在海邊捕捉的大比目魚和鱒魚通常相當大隻。早期時常可見大批海象群聚岸邊，帶來相當可觀的利潤；北邊海岸的冰層上則有大群港海豹（harbour seal）和菱紋海豹（harp seal）出沒。

在拓荒年代初期，加拿大的漁業資源豐富，前來大肆捕獵的移民眾多，但少有人想要定居，即使在冬季也寧可冒險橫渡大西洋。此地最初期的法國殖民聚落為阿卡迪亞（Acadia，範圍涵蓋今加拿大海洋三省），最早

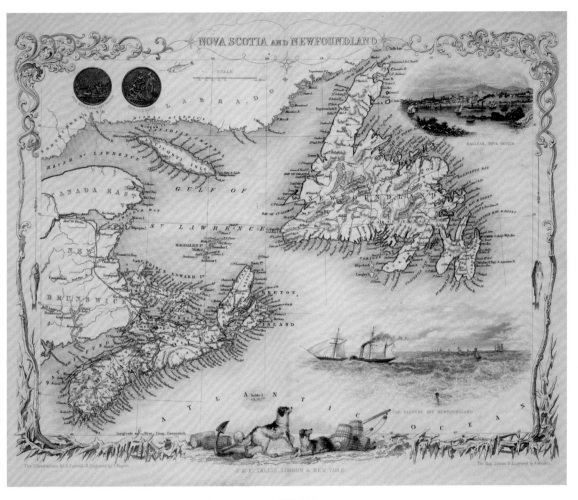

19 世紀中葉的新斯科細亞、紐芬蘭島及聖羅倫斯灣地圖。

的相關記述由尼寇拉‧德尼（Nicolas Denys）於 1672 年留下，德尼指稱到了冬季，漁夫唯一能做的事就是砍樹。他也提到米拉米契（Miramichi）的部落酋長赫希布圖（Rechibouctou）是個「自大又凶惡的土著」。

阿卡迪亞最初由 50 個移民家庭組成，他們從最早的落腳處搬遷至新斯科細亞芬迪灣（Bay of Fundy）旁的皇家港（Port Royal），此處海灣遍布牡蠣礁，漁業和農業資源皆相對富饒。從 1630 年至 1714 年陸續有移民加入，移民定居活動的範圍慢慢遍及整個海灣周圍。這群法國移民大多來自羅亞爾河谷及拉羅歇爾一帶，對於牡蠣養殖相當熟悉。他們面對英國和美洲原住民兩方勢力，在保持中立的同時勤於修築堤壩，擴大海埔地範圍。「堤壩」代表的就是「牡蠣產業工程」，即使沒有直接提及牡蠣，在西部海岸興建堤壩的目的很明顯，就是為了發展初步的牡蠣育苗和水產養殖。

雖然阿卡迪亞人並非法國王室的代理人，但牡蠣礁背後隱藏著與北美洲殖民地戰爭和英法相爭有關的駭人祕辛。英國人圍捕阿卡迪亞人，強暴婦女並放火焚燒房舍，他們搶走 1755 年收成的作物，收養阿卡迪亞聚落遺孤並要孩子改信新教。大多數阿卡迪亞男人（至少 8,000 人）遭到英國人放逐，他們被迫搭著破爛船艇前往另外兩處重要的牡蠣產區，先到馬里蘭州想登陸卻遭拒絕，最後輾轉來到紐奧良。

美國詩人亨利‧魏茲渥斯‧朗費羅（Henry Wadsworth Longfellow）的長詩〈伊凡潔琳〉（Evangeline）即描述一名阿卡迪亞少女與情郎失散，走遍美國各地尋人，她年老時留在費城當修女，終於尋得窮困落魄的情郎，情郎最後在她的懷抱中斷氣，詩中特別刻畫出阿卡迪亞人的悲慘境遇。

北美洲殖民地戰爭於 25 年後爆發，據說在奪下巴頓魯治一戰中，路易斯安那州的民兵最為奮勇積極，成員裡就包括阿卡迪亞人，他們後來融入廣大的卡津人群體。初成立的美國自英國手中取得寶貴的漁業控制權。慢慢有許多阿卡迪亞人返回故鄉，通常是回到父祖輩最初定居的地方，即今新斯科細亞和紐布朗斯維克。對於返鄉的阿卡迪亞人來說，牡蠣最能象徵他們的家世根源，尤其是卡哈蓋牡蠣。諷刺的是，北方水域如今仍保持潔淨，昔日南方殖民地的水域卻遭到汙染，牡蠣滅絕殆盡。

啤酒麵糊炸牡蠣與酸豆美乃滋
BEER-BATTERED OYSTERS AND CAPER MAYONNAISE

4 人份

製作麵糊的材料：
- ¾ 杯（90 克）中筋麵粉
- 1 顆蛋，打成蛋液
- ¼ 小匙鹽
- 2 大匙橄欖油
- 1 杯（250 毫升）拉格啤酒（淡啤酒）

製作酸豆美乃滋的材料：
- 1 顆生蛋黃
- 1 小匙芥末子

- 1 杯（250 毫升）植物油
- ¼ 杯（60 毫升）橄欖油
- 2 顆水煮蛋，切小丁
- 1 大匙切碎的新鮮巴西里
- 1 小匙切碎的新鮮龍蒿
- 1 大匙切碎的酸豆
- ¼ 小匙卡宴辣椒粉

- 炸牡蠣用的油
- 24 顆牡蠣，刷洗乾淨

製作麵糊：在碗裡混合麵粉、蛋液、鹽、橄欖油和啤酒。放入冰箱冷藏備用。

製作酸豆美乃滋：將生蛋黃放入中型醬汁鍋裡，煮 5 分鐘至蛋黃變稠軟。將蛋黃和芥末子放入大碗裡以木匙持續攪拌混合，同時分次滴入植物油。攪拌至乳化，加入橄欖油增添風味後靜置。將巴西里、龍蒿和酸豆拌入切成小丁的水煮蛋，再與已攪拌乳化的美乃滋混合。拌入卡宴辣椒粉。

在深平底鍋裡放入足量的炸油，油的高度應蓋過牡蠣肉。炸油開始冒泡時，將每顆牡蠣肉裹上麵糊之後放入油鍋。採分批油炸，每批油炸 6 顆牡蠣肉。準備好湯匙和廚房紙巾。牡蠣肉放入油鍋炸數分鐘至呈金褐色。將牡蠣肉自鍋中撈出，置於廚房紙巾上。上桌時搭配美乃滋。

PART 4

澳洲與亞洲

像海底的大牡蠣一樣。
潛藏在自己裡面，緊緊關閉著門，
認真地在想著什麼。

村上春樹著，賴明珠譯，《發條鳥年代記（三）——刺鳥人篇》
（時報出版），第 203 頁。

日本漁夫漁婦將珍珠貝
（pearl oyster）分類，
攝於 1920 年。

澳洲與紐西蘭

　　世界上的人類活動究竟是由西向東或由東向西傳播，各大洲之間一直爭議不休。從某方面來說，牡蠣提供了「爆炸性」的科學證據。1886 年 6 月 9 日晚間，紐西蘭北島名為羅托魯瓦（Rotorua）的湖泊旁的同名城鎮一陣天搖地動，地震帶來連續的強烈晃動，最後引致塔拉威拉火山（Mount Tarawera）爆發。火山爆發的威力之大，造成該區的瓦漢加峰（Mount Wahanga）峰頂爆破，整座山體崩裂。火山灰噴湧形成的黑色雲團升起，如披肩般籠罩凌晨的天空，北島北邊自豐盛灣大區（Bay of Plenty）到霍克灣大區（Hawke Bay）之間一片晦暗。不久之後又發生兩次噴發，熔岩和碎屑於凌晨時分自塔拉威拉火山及附屬的魯阿瓦夏穹丘（Ruawahia）不停噴湧。

　　火山灰噴出的高度約達 3,000 公尺，山體崩裂後的裂縫長達 19 公里。羅托瑪哈納湖（Lake Rotomahana）所在的湖泊盆地受到劇烈震盪，也噴湧出炙熱的岩塊和泥漿，灑落範圍約達 15,500 平方公里。火山爆發從凌晨持續到早上，遠在南島的奧克蘭（Auckland）、內皮爾（Napier）、威靈頓（Wellington）甚至布蘭尼姆（Blenheim）的民眾都能聽見爆發聲響。鄰近的威羅亞（Wairoa）覆上了一層 3 公尺厚的火山灰、黏土、泥漿和石塊。罹難者超過 150 人。

　　羅托瑪哈納（Rotomahana）的粉紅色與白色梯形丘（Pink and White Terraces）曾被喻為世界第八大奇景，是紐西蘭最著名的景點。遊客搭乘蒸汽郵輪前來，換乘馬車後再坐兩小時的獨木舟，最後還要徒步走一段路，才能欣賞閃閃發亮的粉紅色和白色矽華，這種奇石景觀是在火山熱液噴泉湧出地殼的作用下形成。如同水流般自地心噴湧而出的結晶溫度可能高達攝氏 700 度，這些結晶形成石英、沙粒、燧石和瑪瑙，可當成製作玻璃和混凝土的原料。

　　白色梯形丘（或「紋身之岩」）高 30 公尺，占地將近 3 公頃，粉紅色梯形丘（或稱「雲霄之泉」〔Otukapuarangi〕）則較小且低矮，在梯形丘最

紐西蘭羅托瑪哈納的白色梯形丘（White Terraces）或「紋身之岩」（Te Tarata）。

底可以看到一個個澄藍清澈的溫泉池。火山爆發後，梯形丘與溫泉池全都炸得支離破碎。

　　沒有人知道究竟是在 1886 年這次紐西蘭史上最大規模的自然災害發生時，又或者是在北島漫長的火山爆發史中又一次有火山展現隱藏於地下猛悍不馴的驚天威力時，由於噴發力量太過強大，連火山山腳下的牡蠣也硬生生被扯離礁床，以驚人速度拋彈至夜空中，甚至一路拋飛到智利。奧克蘭與智利的聖地牙哥（Santiago）之間相隔將近 10,000 公里。存活下來的也許不是成年牡蠣，只是攀附在母殼上努力求生的微小牡蠣苗，也許從空中飛越的只是碎屑殘渣的細微渣屑，牠們最終墜落在南美洲沿岸的海水裡——堪稱一次「大爆炸」。

　　令人既驚又喜的是，牡蠣從一塊大陸轉移到另一塊大陸後活了下來。牠們不僅存活，甚至在智利沿海水域稱霸。能夠作出如此結論，是因為智利和紐西蘭的科學家曾為了兩國的牡蠣孰先來、孰後到爭論多年。紐西蘭的牡蠣有多個俗名，可稱為「布拉夫牡蠣」（Bluff oyster）、「拖網牡蠣」（Dredge oyster）或「福沃海峽牡蠣」（Foveaux Strait oyster）；智利的牡蠣學名則為 *Tiostrea chilensis*[5]。

　　最初認為牡蠣很可能是隨著南極繞極流和洪堡涼流（Humboldt current，也稱秘魯涼流）飄洋過海抵達智利，但分子鑑定結果顯示，牡蠣更有可能是以紐西蘭火山噴發出的浮石為移動媒介。在某次劇烈的火山噴發中，飛噴的火山灰將紐西蘭的牡蠣帶到了智利。已有明確的科學證據指出，來自紐西蘭的牡蠣是「牡蠣屬」，其繁殖方式與「巨牡蠣屬」截然不同。

　　牡蠣從一洲拋飛到另一洲後仍能存活已經十分神奇，同樣神奇的是即使歷經火山噴發和岩漿湧流，留在原地的牡蠣群體似乎也倖免於難。威羅亞至今仍是牡蠣養殖重鎮。無論對於光線、鹽分、聲響、溫度的些微變化，甚至供給食物的細微調整，牡蠣顯然都極為敏感，但遭遇火山爆發或越洋拋飛卻都活了下來。

　　庫克船長（Captain Cook）於 1769 年 11 月乘「奮進號」（*Endeavour*）於庫克海灘（Cooks Beach）登陸時觀測到「水星凌日」的

現象，於是確立登陸地點的精確經度，世人也因此得知紐西蘭這個地方。船長將英格蘭國旗插在海灘上，將登陸地命名為紐西蘭，並宣布此地歸英王喬治三世所有。他停留了 11 天，趁著船員補給食物等物資時進行天文觀測。當地一條河盛產牡蠣和其他蝦蟹貝類，船長對此印象深刻，很快將這條河命名為「牡蠣河」（Oyster River）；此河其後改回原本的名稱「普拉尼河」（Purangi）。

> 河床上的泥沙層生長著牡蠣、淡菜和鳥蛤，我相信這些是當地居民的主要食材，他們會駕著小型獨木舟駛入淺水，徒手將這些貝類從泥沙中挖出來，有時就在舟中生火將貝類烤來吃，他們的舟船中時常有烹煮用的火堆，我想不出火堆還能有什麼其他用途。

及至 1930 年代，牡蠣已成為紐西蘭的重要經濟支柱，自福沃海峽採撈的牡蠣超過 6,000 萬顆，紐西蘭的牡蠣資源總量據估計高達 200 億顆。科學家形容淺水中的白色牡蠣殼在陽光照射下閃閃發亮，彷彿在水底「鋪展出一張白色巨毯」。

澳洲的牡蠣

關於澳洲牡蠣的確切來源，長久以來和紐西蘭牡蠣的來源一樣引發激烈爭議。原本認為是一種岩牡蠣（rock oyster），俗稱「雪梨岩牡蠣」（Sydney rock oyster），科學家曾將其分類為 *Crassostrea commercialis*，分類和學名之後經過數度更動，也有科學家提出種名應採用 glomerata、cucullata 或 commercialis，目前普遍採用的學名為 *Saccostrea glomerata*[6]。此種牡蠣密集分布於澳洲東部、南部和西南部沿海，部分牡蠣礁與海岸之間的距離可達 15 公尺遠，也見於紅樹林泥沼地，牠們能夠忍受退潮時的低水

---

5. 譯註：學名 *Tiostrea chilensis* 現已不被接受，現今普遍採用的學名為 *Ostrea chilensis*，紐西蘭及智利所產的皆為此種牡蠣。
6. 譯註：*Saccostrea* 為囊牡蠣屬，在台灣俗稱「岩蚵」、「石蚵」；種名 glomerata 意為「團狀」。

位，在陽光下長時間曝晒也能存活，因此成為牡蠣市場上極具獨特性的長銷商品。

有一種說法主張澳洲出現人類活動的時間早於歐洲。目前已發現的一處史前遺址中，彭里斯（Penrith）的遺址年代可追溯至西元前 47,000 年，西澳洲（Western Australia）的遺址距今約 40,000 年，新南威爾斯州蒙哥湖（Lake Mungo）遺址則有約 35,000 年的歷史。在冰河時期造成地形改變之前，澳洲這塊大陸可能還不算非常偏遠，如同南太平洋海域（South Seas）諸島，具備高明獨木舟駕駛技巧的部落氏族皆能抵達。澳洲原住民（Aborigines）習於採集牡蠣，會將牡蠣殼綁在釣線上以便將線沉入水中釣魚。有些原住民遺留的廚房貝塚大小相當驚人，長度達到近 400 公尺，高度則將近 4 公尺。新南威爾斯州北部和昆士蘭州（Queensland）南部的貝塚中大多是雪梨岩牡蠣的殼，不過愈往南方會愈常發現如今已很罕見的原生種「澳洲扁牡蠣」（Australian flat oyster）的殼。

南澳洲的澳洲扁牡蠣自 1860 年起遭人大量採撈。80 多名採蠔人駕駛約 30 艘漁船，利用拖網於深 5 至 20 公尺的牡蠣床撈捕，當地牡蠣資源直到 1885 年終於消耗殆盡。大約同一時期，維多利亞州（Victoria）和塔斯馬尼亞州（Tasmania）的漁民也大量拖撈牡蠣，僅塔斯馬尼亞州在 1860 年到 1870 年之間每年的拖撈量就將近 200 萬打牡蠣。

從澳洲的地方料理，可以看出曾有四面八方的旅人移民來到此地。澳洲料理融合了許多由亞洲傳來的風味。澳洲的第一批移民或許承襲了盎格魯－撒克遜傳統，但氣候較為溫暖的雪梨，他們的口味也很快就調適改變。

烤架燒烤在澳洲是全民運動，雪梨岩牡蠣在烤肉文化中占有一席之地，典型作法是在燒成白色的煤炭堆上以炭火炙烤牡蠣，食用時搭配融化的奶油，或淋上一點辣根醬、番茄醬、伍斯特醬或塔巴斯科辣椒醬。很快就有充滿異國風情的辛香料不請自來，烤肉派對上於是出現了各種新奇爽口的風味，例如混合了醋加檸檬汁、薑末和蔥，或是用芫荽、蝦夷蔥、醬油、萊姆汁和糖調製成的牡蠣佐醬。

蠔油炒牛肉
BEEF STIR-FRY WITH OYSTER SAUCE

這道經典熱炒是牡蠣與牛肉料理的亞洲變化版。在 1950 至 60 年代的澳洲，則一度流行填入牡蠣肉之後炙烤而成的「毯包牛排」（carpetbagger steak）。

2 人份

- 2 塊（約 75 克重）牛菲力
- 2 大匙醬油
- 2 大匙蠔油
- 2 大匙砂糖
- 黑胡椒

- 1 大匙花生油
- 蒜瓣，去皮後切碎
- 1 根辣椒，去籽後切碎
- 2 把（25 至 50 克）菠菜
- 2 大匙米酒

將牛肉切成薄片，用醬油、蠔油、糖和少許現磨黑胡椒醃過。靜置 5 分鐘待入味。在炒鍋裡加入花生油，以中火爆香蒜末和辣椒末。放入菠菜並不時翻炒，炒約 1 分鐘至菠菜開始熟軟。將菠菜先起鍋裝盤。將牛肉放入熱鍋中翻炒 2 分鐘，盛起牛肉鋪於菠菜上。於鍋邊淋一圈米酒嗆鍋，將鍋內米酒淋於牛肉上即可上菜。

牡蠣野餐會

蒙泰古‧史考特（Montagu Scott）是早期的報紙插畫家，此畫則是他早年以澳洲社交圈生活為題材的油畫中的傑作。畫中描繪 1870 年元旦那一天，雪梨的紳士淑女來到達令角（Darling Point）外海的克拉克島（Clark Island）上野餐。一名採蠔人正用鑿子從岩石上鑿挖雪梨岩牡蠣，兩名女士則在一旁捧著空盤等候。畫面中看不到的則是澳洲大陸沿海各處的原住民部落貝塚，遭流放至澳洲的罪犯收集貝塚中的貝殼燒製成石灰，當成在雪梨興建新屋舍的灰漿原料。

蒙泰古‧史考特，《雪梨港克拉克島野餐日》（局部）（*A Day's Picnic on Clark Island, Sydney Harbour, 1870*）。

東亞

在經典中式料理中選用牡蠣作為食材是很合情合理的選擇，例如將牡蠣肉剁碎後加入蔥薑、荸薺、醬油和麻油拌成內餡，裹上春捲皮之後油炸，就成了酥脆的牡蠣春捲。

亞洲各地的油炸用麵糊配方各異，成分可能是米粉甚至馬鈴薯粉，可能加蛋或不加蛋，有無數種細微變化。中國福建省的「蠣餅」（類似台灣的蚵嗲）約有一個巴掌大，內餡混合了牡蠣肉、韭菜、蔥和一點豬絞肉，酥脆麵衣上還嵌裹著數粒花生米，有些更豪奢的配方則是在餡料裡加入更多牡蠣肉和豬絞肉。

類似蚵嗲的炸牡蠣料理與裹粉炸牡蠣在亞洲料理中各自占有一席之地，日本的牡蠣天婦羅尤富盛名，炸得恰到好處的麵衣酥脆熱燙，而牡蠣肉最內裡僅微微溫熱，仍然保持柔嫩多汁。油炸用麵糊通常是用玉米粉和泡打粉調製而成，不加蛋液，有時會加芝麻，將冷的發泡麵糊放入熱油，麵糊中的氣泡爆發就形成酥脆麵衣。食用牡蠣天婦羅時可搭配嗆辣的綠色山葵醬，或是用山葵醬、米醋、味醂和醬油調配成的沾醬。還有更為風雅的烹調手法，是用小片海苔或紫蘇葉包覆牡蠣肉後再沾裹麵糊並油炸。

泰國料理的昂揚活力和奔放創意絲毫不亞於日本料理，而且更加隨意發揮不受侷限。牡蠣可能會出現在香蕉花沙拉裡（在西方可改用菊苣沙拉），作法是將牡蠣肉放入椰漿中略煮，加入棕櫚糖和魚露調味，最後灑上少許油蔥酥。或者以牡蠣為主角，搭配芹菜、檸檬香茅、紅蔥頭、薄荷葉和香菜，佐以牡蠣汁、辣椒、萊姆汁、白砂糖和魚露調成的醬汁。也可以將牡蠣肉混合醃豬肉、薑絲、紅蔥頭、薄荷葉、香菜和炸花生米製作成沙拉，搭配用搗碎的香菜根、大蒜、鳥眼辣椒、鹽、糖、萊姆汁和魚露調製成的醬汁。

1786 年的東亞地圖。

蚵仔煎風味牡蠣煎蛋
TAIWAN OMELETTE

　　蚵仔煎是常見的夜市小吃，咸認是具有代表性的台灣料理。台南安平開台天后宮廟口一帶昔日曾是荷蘭人的根據地，如今有多家小吃攤聚集，不同攤的蚵仔煎各有獨家配方。在中國各地、馬來西亞檳城（Pengang）甚至韓國皆可找到類似蚵仔煎的料理，何種配料先下的煎法步驟略有不同，上桌後趁熱食用，通常搭配甜中帶辣或甜中帶酸的醬料。

1 人份

- 2 顆牡蠣，刷洗乾淨
- 2 顆蛋
- 1 小匙地瓜粉
- 豬油或煎炸用油

- 1 把萵苣（25 至 50 克），切細絲
- 1 把（25 至 50 克）豆芽菜

　　將牡蠣去殼。將蛋打進碗裡，拌入地瓜粉。在炒鍋中放豬油或其他煎炸用油，以中火起油鍋。加熱至微冒泡後，將混合好的粉漿蛋液倒入鍋中，待粉漿受熱變硬後，再放上牡蠣肉和萵苣細絲。煎 30 秒。加入豆芽菜，將餅皮對折即可盛盤上桌。

中國浙江省樂清灣一名漁民採撈牡蠣的情景，攝於 2005 年。

香菜南薑牡蠣粥
OYSTER SOUP WITH CILANTRO AND GALINGALE

這道泰式牡蠣粥也可説是湯飯，具有豐富的風味和口感，散發的多重香氣令人彷彿走進泰國的傳統市場。在亞洲料理中，南薑（高良薑）的用法類似薑，將牡蠣放進粥裡一起煮則是常見的料理方法。

4 人份

- 2 杯（380 克）茉莉香米
- 12 顆牡蠣，刷洗乾淨
- 115 克豬絞肉
- 3 瓣大蒜，去皮後切碎
- 1 段約 5 公分長的南薑，去皮後切碎
- 2 顆蛋，打成蛋液

- 1 杯（250 毫升）椰漿
- 1 把（75 至 100 克）新鮮香菜葉，切碎
- 10 根蔥，切成蔥花
- 2 小匙魚露
- 1 大匙新鮮萊姆汁

依照包裝袋上的説明烹煮香米。將牡蠣去殼，在香米飯烹煮到最後 5 分鐘時放在飯上。同時在炒鍋裡放入豬絞肉、大蒜和南薑，以中火炒 5 分鐘。香米飯煮好後靜置，加入炒絞肉和蛋液，續煮 2 分鐘並不時攪拌，接著加入椰漿。最後加入香菜葉和蔥花。上桌前加入魚露和萊姆汁調味。

韓式辣牡蠣冬粉湯
KOREAN CHILI OYSTER SOUP WITH NOODLES

這道料理簡便快速又營養實在，只要將所有食材都加進小醬汁鍋裡，基本上就大功告成了。

4 人份

- 1 把豆芽菜
- 12 顆牡蠣
- 醬油

- 2 大匙乾辣椒碎
- 1 束韓式冬粉
- 1 根蔥，切段

　將 1 杯（250 毫升）水加入鍋中煮滾，放入豆芽菜。將牡蠣去殼，將肉連同汁液加入鍋內。加入醬油調味。加入乾辣椒碎，再放入冬粉。蓋上鍋蓋燜煮 2 分鐘。灑上蔥段即可上桌。

蠔油

據傳蠔油是李錦裳於 1888 年在中國廣東省南水鄉的小餐館發明的，他在煮牡蠣高湯時疏於看顧爐火，烹煮過久以致焦掉，卻意外發現鍋中的高湯已經焦糖化，變得濃稠且異常鮮香，與英格蘭阿爾弗雷德大帝（Alfred the Great）烤焦蛋糕的故事頗有異曲同工之妙。

李錦裳想必是第一位將蠔油裝罐販售的廚師（現今還能買到總部位在香港的「李錦記」公司出品的蠔油），不過要說先前絕對沒有其他廚師想到類似做法，就太過率強，否則要如何解釋蠔油很快就融入廣東南部的料理文化？

蠔油可說是一名真正的廚師對於牡蠣和其他食材組合所賦予的詮釋，藉由蠔油來結合牡蠣與炒牛肉、炒麵、炒時蔬等現今中餐廳的經典菜色。或許可以說蠔油就是廚房裡用途最廣的罐裝調味料。

許多品牌的蠔油會添加其他成分，其實並無必要（除非是為了延長保存期限），畢竟原始版的蠔油就是將牡蠣肉放入高湯或水中煨煮，煮至變濃稠且焦糖化呈現深褐色。

南韓

牡蠣直到最近數十年才成為韓國的普遍食材，卻得以在豐富的韓國料理文化中躍升要角，這個現象相當值得探究。南韓自 1960 年代中葉即積極發展牡蠣與海藻（自日本引進）養殖，牡蠣與海藻兩種食材加在一起就成了傳統的海帶湯（miyeokguk），裡頭的牡蠣和海帶芽（即裙帶菜）一樣多，是韓國產婦用以滋補養身的傳統坐月子料理。

牡蠣之所以會成為韓國的熱門食材，轉捩點在於引入養殖籠具和延繩養殖技術，以垂掛方式將牡蠣養在浮游生物豐富的深水海域。拜技術進步所賜，小規模的牡蠣養殖場也能獲利。

牡蠣煎蛋料理不僅忽然在韓國蔚為風潮，在亞洲其他地方也開始流行，此外也很快就出現用牡蠣製作的韓國「海鮮醬」（jeot），這種醬是用

蝦子等海鮮鹽漬發酵而成，也用於醃製辛奇（kimchi）。

夏天可以吃新鮮牡蠣配辛奇，冬天則可將牡蠣肉加上米、海帶、紫菜、菇類和芝麻煮成粥（juk）。牡蠣也可以直接生吃，搭配以胡椒、洋蔥、胡蘿蔔、大蒜和韓式辣醬調製成的沾醬，與美國西岸的莎莎醬（salsa）頗有相似之處。牡蠣飯也是常見料理，通常是在飯煮到一半時放入牡蠣肉，比例以 1 杯米配 5、6 顆牡蠣為宜，可再加入醬油、乾辣椒碎、糖、麻油和蔥花調味。

日本

日本各地直到西元前 3 世紀左右才普遍有人聚居，但考古證據顯示約在西元前 30,000 年可能就有人類在此地居住。從前的日本列島很可能還不是島嶼，而是與朝鮮半島相連，目前已發現此時期遺留的燧石工具。西元前 10,000 年前後，繩文文化興起，繩文人的聚落遍布今日本全境沿海，他們棄置的牡蠣殼在村落遺址周圍堆積成巨大的馬蹄形貝塚。這些牡蠣殼不一定全是廚餘，貝塚所在地也可能是買賣交易的場所，當地人用醃牡蠣與內陸的人交換石器。

目前紀錄中最古老且珍貴的珍珠來自日本，年代約為西元前 5500 年。對照開始食用稻米的時間，日本人直到西元前 100 年左右才開始種植和採收稻米。海鮮和海苔皆有宗教上的象徵意義，會當成供品獻給神道教的神明。

味噌牡蠣土手鍋
OYSTER DOTE-NABE

日本各個地區皆有獨具特色的火鍋料理，廣島的特色料理「味噌土手鍋」結合了牡蠣、味噌和日式高湯，煮火鍋的訣竅是開煮之前先在鍋邊塗上厚厚一層味噌。通常需要使用陶鍋或砂鍋以及桌上型爐具，方便用餐者自行烹煮想吃的食物。火鍋配料通常包含多種菇類、大白菜和山茼蒿；最後可將白飯加在剩下的火鍋湯裡煮成雜炊。韓國版的味噌牡蠣鍋會加入豬肉和韓式泡菜。

4 人份

製作高湯：
- 1 大匙白味噌或紅味噌，或兩者混合
- 6 又 ½ 杯（1.6 公升）昆布柴魚高湯或魚高湯
- ½ 杯（100 毫升）醬油
- ½ 杯（100 毫升）米酒

- 1 瓣大蒜，去皮後切碎
- ½ 顆大白菜，切或撕成適口大小
- 1 包（450 克）板豆腐，將水瀝乾
- 12 顆牡蠣，刷洗乾淨

先煮高湯。在大湯鍋的鍋緣抹上一圈味噌。以中火加熱昆布柴魚高湯（不要煮至沸騰），加入醬油、米酒和大蒜調味。加入大白菜。快煮好時加入切塊的豆腐，再加入去殼的牡蠣肉。煮 1 分鐘即可上桌。

歌川廣重（三代），《大日本物產圖繪：安藝國牡蠣養殖圖》，1877 年。

　　根據日本現存最早的水產養殖相關紀錄，詩人大伴家持於西元 764 年將某種生活在太平洋沿海的雙殼貝，從本州島上的紀州帶到濱臨日本海的越中（越州）移養。之後在 1081 年，有人將某種生長在伊豆群島之中神津島的海藻帶到伊豆半島養殖。日本自 1670 年代開始投入海苔和牡蠣養殖，兩者的發展似乎齊頭並進，後來衍生出壽司這種食物。起初牡蠣養殖業者區隔出育苗用湖池和養肥用場地，並利用竹子來採集年幼牡蠣，直到 1920 年代中葉才開始採用筏式和吊掛籃式養殖，海苔養殖業者則在 10 年後跟進採用類似技術。

PART 5
生態

吃著海水味濃烈的生蠔，
冰涼的白酒沖走了生蠔肉的隱約金屬味，
只留下海水味和肥嫩多汁的口感……我心中的空虛感一掃而空，
一下子提起興致，開始盤算往後的計畫。

厄內斯特・海明威（Ernest Hemingway），
《流動的饗宴》（*A Moveable Feast*, 1964）。

澳洲新南威爾斯州喬治河（Georges River）一處牡蠣養殖場裡採收牡蠣的情景，攝於約 1950 年。

未來

　　牡蠣具有過濾水質、濾食浮游生物和減少水中氮含量等機制，在牡蠣繁衍興旺的河口灣，其他的生物也能受益並蓬勃生長。

　　牡蠣即生命。靠著堅硬外殼的保護，牡蠣在某種程度上免於落入海洋生物弱肉強食、生死一線的食物鏈。牡蠣的存在造就了河口生態圈——潛隱於水下的牠們帶來生機，有助緩解河口水域低氧的狀況，這些原始的主宰者本身就是巨大的浮游生物，在親族成員的環繞下充滿活力地過濾水質並繁衍大量後代。即使是未能結合並發育成長的大量精子與卵，也會和浮游生物一樣為食物鏈中其他大小生物提供珍貴養分，而這些生物又會吸引掠食者前來捕食。牡蠣苗構成食物鏈金字塔中很重要的一層。數十萬甚至數百萬顆牡蠣群聚形成的牡蠣礁為其他生物提供庇護，牠們的硬殼成為植物扎根茁壯的穩定岩質表面，大塊牡蠣礁也能在海潮洶湧來襲時保護沼澤中的草類。

　　牡蠣絕不是海洋中的泛泛之輩，對於許多其他物種來說，牠們是生命的起源，是良善的殖民者。牡蠣一旦建立起殖民地，就會持續發展。有些牡蠣群的壽命長達百年，但即使死去，遺留的殼也會成為地景的一部分，為後代子孫提供產卵場以及群體依存的礁岩基質。最終，即使堅不可摧的硬殼終究碎裂成齒狀碎片沖入海床，殼中的各種成分也會分解成細小粒子，化為礫石、石灰岩以及我們隨口簡稱的石頭。

　　在百年前的全球海洋經濟體系中，唯有牡蠣是最具價值的物種。曾是沿海地區經濟支柱的牡蠣產業如今風光不再，規模萎縮至可能僅剩從前的1%，可說歷經了極劇烈的衰退。馬里蘭州於 1973 年一年採撈的牡蠣量為900 萬公斤，至 2000 年已劇減為 28,500 公斤。當基因庫縮小至這個程度，族群的基因多樣性難以維持，就不得不面對滅絕的現實。

　　英國歷經兩次世界大戰，延續近兩千年的牡蠣文化相關知識大多失傳。曾遍布牡蠣礁的水域，如今遭到地方政府倒入廢棄物、工廠排放化學

物質，還有農民施用農藥後的逕流流入，河濱及海岸的管理由富人的遊艇社團把持。

此處涉及了政治上的爭議。大眾已知數十年來的商業捕魚活動造成海洋野生魚類資源持續耗損，深海很可能與近岸面臨同樣的嚴峻情勢，往來世界各地運送糧食和其他貨物的船隻也可能破壞了海洋環境而不自知。素食主義者認為人類自己吃穀物和其他農作物才是明智的選擇，不該把種植的作物當成飼料，拿去餵養動物後再食用動物。環保人士會聲稱與其付錢將在國外生產的糧食大老遠運回國內，糧食自給自足比較合理。

關於糧食議題，牡蠣提供了不同的角度和面向。打造「牡蠣養殖場」與鮭魚或鱒魚養殖場不同，並非圍出一塊水域密集圈養，而是要想辦法營造乾淨有機、有利牡蠣甚至其他物種生長的海洋環境。英國各地的海岸其實皆有復育牡蠣床和振興牡蠣文化的潛力。

最先受益的可能單純是環境生態——能夠清除過往排放至水域中的汙物。從切薩皮克灣的例子可知，只要牡蠣礁能夠恢復生機，牡蠣群能活到20年甚至更老，河口一帶就能吸引其他生物棲息，海洋環境將因此受惠良多。或許可以開始推廣新形態的水產養殖，包括鼓勵如同惠斯塔布、肯特郡等地的在地漁業和觀光業復興，或如同康沃爾的帕德斯托（Padstow）、約克郡的惠特比（Whitby）那樣改換形式重新開始。新形態的牡蠣產業是成本低且可永續發展的綠色產業，而且有發展的必要性，養殖牡蠣具有外銷潛力且可放眼全球市場，不僅能夠帶來新的工作機會和經貿商機，更能藉由餐飲和觀光產業帶動陷入困境的孤立沿海社群與都會文化相互結合。

身為消費者的我們，只要購買牡蠣這種數一數二健康的食物，就能創造市場需求並支持相關產業。海岸地區無論環境或經濟層面的重整，都需要經費的重新分配和挹注才能達成。每次有人提到登陸月球或火星的夢想，我們就忍不住要問，將經費投資在地球、在礁岩、在海面下方數英尺，投資在自文明起源之初就開始實踐的一種可持續經營、具建設性且會帶來豐碩回報的「養殖業」會不會更好。

英國政府表面上宣稱贊同推廣牡蠣養殖，卻沒有直接實際的作為。在1992年於里約（Rio）召開的地球高峰會（Earth Summit）上，英國在內的

159 個國家簽署了「生物多樣性公約」，英國政府繼而成立的生物多樣性指導委員會（Biodiversity Steering group）於兩年後開始調查族群數量減少的物種和遭破壞的棲地。英國原生種牡蠣於 1999 年獲確認為「優先保護之物種」（priority species），政府開始推動「原生種牡蠣行動計畫」（Native Oyster Species Action Plan）。

該項計畫可能談不上振奮人心，僅宣告政府將保持和擴大目前原生種牡蠣的地理分布與「富饒資源」，名為行動計畫，但似乎沒有動起來的跡象。2009 年通過的《海洋法》（Marine Act）則宣稱將會「支持健全運作且具有韌性的海洋生態系」，令人懷疑一切僅止於「坐而言」，仍然未進入「起而行」的階段。

相較之下，蘇格蘭自然遺產署（Scottish Natural Heritage）發布的報告則展現了務實態度和高明遠見，報告中指出應如何在北部推動原生種牡蠣復育，以及在特定地區進行復育的成本估算和方法策略，該機構近年已獲得歐盟補助清理萊恩湖的經費，但也引起自來水公司公開表示不滿。

蘇格蘭設置委任分權政府後，衍生的影響之一是貴族地主終於放棄對蘇格蘭各處水域的控制權，水域回歸公有，水產養殖業得以蓬勃發展。牡蠣一度遭宣告滅絕，於 50 年後在福斯灣再次現蹤。

聚沙成石

與老派的混凝土海堤相較，以沿海的活牡蠣礁作為防波堤不僅成本更低廉（牡蠣苗每百萬顆為 200 美元），更有益於環境生態，營造的景致也更加優美宜人。但一如往常，只有等到幾乎毀天滅地的自然災害發生，人類才會積極面對和處理。

美國的牡蠣曾經只差一步就被列入瀕危物種。1995 年於切薩皮克灣試行經費僅 26,000 美元的小規模計畫，目的是讓髒汙水域恢復乾淨。試行之後擴大為跨機構合作推行的淨化復育計畫，經費也增加至每年 500 萬美元，目標是每年淨化面積 80 公頃的水域。其中拉帕漢諾克河於 2001 年投入牡蠣苗進行復育，所生產的牡蠣如今供應給紐約多家頂級餐廳。

　　歷經颶風珊迪（Sandy）帶來的風災後，年輕建築師凱特・奧爾芙（Kate Orff）開始構思在布魯克林臭不可聞的格瓦納斯運河（Gowanus Canal）興建環繞牡蠣礁的花園村，她的「生機防波堤」（Living Breakwaters）計畫獲得聯邦政府補助 6,000 萬美元經費，目標是在史坦頓島沿岸引入 2,500 萬到 5,000 萬顆牡蠣，讓沿岸水域變得更乾淨。

　　另有規模更大的「10 億牡蠣計畫」（Billion Oyster Project），充分彰顯了美國的積極進取、急公好義和高瞻遠矚。計畫最初由設立於總督島（Governor's Island）的紐約海港學校（New York Harbor School）推動，如今校內持續培育新一代牡蠣苗，並訓練學生以水肺潛水進入紐約港繁忙混濁的水域打造新的牡蠣礁。校方也號召當地其他學校一起投入養殖牡蠣，鼓勵當地餐廳回收牡蠣殼，並在全市各處推廣牡蠣。

　　在紐約柏油村（Tarrytown）將修建新的塔潘齊大橋（Tappan Zee bridge），而工程將破壞當地約 5 公頃的牡蠣礁，紐約州環境保護局（Department of Environmental Conservation）要求主責單位紐約州高速公路管理局（Thruway Authority）須施行牡蠣移地復育計畫才核准造橋工程。「10 億牡蠣計畫」團隊、AKRF 環境工程顧問公司（Allee King Rosen & Fleming）、哈德遜河基金會（Hudson River Foundation）皆投入計畫，希望研擬出最好的棲地復育方案。

　　前述計畫目標就如名稱所示，是將牡蠣資源成功復育至 10 億顆；最近一次統計的數量已達到 1,150 萬顆。紐約海港學校成立於 2003 年，引領布魯克林年輕世代投入港灣生態營造可說首開先例，在過去數年稱得上責任重大。

　　牡蠣復育相關計畫能夠順利推行，要歸功於「牡蠣世家」與生態研究者之間難得的跨界合作。皮特・馬林諾斯基（Pete Malinowski）的雙親史提夫與莎拉（Steve and Sarah）在漁人島（Fishers Island）養殖牡蠣超過 30 年，他們經營東岸其中一座牡蠣密集養殖場。他們剛開始養殖過蛤蜊和扇貝，因投養的貝苗裡意外混入了牡蠣苗，無心插柳之下才發現牡蠣喜愛長島灣東邊的水域。於 1987 年收成的第一批牡蠣銷售給當地酒館，翌年他們開始直接供貨給紐約的餐廳主廚。能夠採購到以永續經營方式生

「10 億牡蠣計畫」的目標是在紐約港復育 10 億顆牡蠣。

產，而且產區就在昔日東岸鼎鼎大名「藍岬角牡蠣」產區附近的當地直送牡蠣，主廚個個喜出望外，最早向他們採購牡蠣的主廚之一是紐約拉法葉餐廳（Lafayette）的尚－喬治‧馮葛希滕（Jean-Georges Vongerichten）。如今養殖場的客戶包括紐約巴爾薩澤餐廳（Balthazar）和全食超市（Whole Foods），甚至要為遠在舊金山和佛羅里達州的客戶供貨。

牡蠣餐廳的復興

美國牡蠣吧的復興突如其來，或許是受到「從農場到餐桌」（farm-to-plate）運動的影響和帶動。美食評論家布雷特‧安德森（Brett Anderson）

於《紐約時報》（New York Times）刊出的文章中追溯牡蠣吧復興的熱潮，認為源頭是蕾貝卡・查爾斯（Rebecca Charles）以 1912 年在舊金山開業的「天鵝牡蠣吧」（Swan Oyster Depot）為模範，於 1977 年在紐約西村（West Village）創立「珍珠牡蠣吧」（Pearl Oyster Bar，已歇業）。查爾斯的牡蠣吧生意興旺，激發其他主廚起而仿效，各大城市陸續出現裝潢具時尚感的新一代牡蠣吧。查爾斯的事業夥伴瑪麗・瑞丁（Mary Redding）在珍珠牡蠣吧附近又開了「瑪麗海鮮小館」（Mary's Fish Camp），營造出民眾昔日度假時所造訪海岸咖啡館的氛圍。

在紐約西村的斑點豬餐廳（Spotted Pig，已歇業）榮獲米其林一星後，該餐廳的年輕英國主廚艾波・布魯菲爾德（April Bloomfield）在曼哈頓中城新開了一家「多利魚生蠔吧」（John Dory Oyster Bar，已歇業）。此外，在華盛頓特區新開了「強尼的半殼吧」（Johnny's Half Shell，已歇業），在波士頓開了「海王星牡蠣吧」（Neptune Oyster），好萊塢新開了「餓肚子貓」（Hungry Cat，已歇業），舊金山則新開了「錨與希望」海鮮餐廳（Anchor & Hope，已歇業）。牡蠣吧在都會區大受歡迎，新開設店家的名單也愈來愈長，包括南卡羅來納州查爾斯頓的「平凡牡蠣吧」（The Ordinary）、西雅圖的「海象與木匠牡蠣吧」（The Walrus and the Carpenter）、芝加哥的「GT 鮮魚牡蠣吧」（GT Fish & Oyster，已歇業）及紐奧良的「漁家香海鮮燒烤餐廳」（Pêche Seafood Grill）。除了提供各色牡蠣料理，也有餐廳以牡蠣搭配調酒為賣點，紐約的「利德貝利餐廳」（Leadbelly，後更名 Bar Belly）、「ZZ 蛤蜊吧」（ZZ's Clam Bar，已歇業）和「首選牡蠣屋」（Maison Premiere）引領風潮，而在芝加哥也新開了「珍珠小酒館」（Pearl Tavern，已歇業）。餐飲業一片欣欣向榮，對於養殖牡蠣的需求也隨之增加。

美國南方的牡蠣礁深受颱風肆虐和英國石油公司（BP）漏油事故之害，催生了恢復密西西比灣和莫比爾灣牡蠣生態的「莫比爾灣牡蠣育養計畫」（Mobile Bay Oyster Gardening program），如今比洛克西海岸已有長約 14,325 公尺的「牡蠣防波堤」作為屏障。

佛羅里達州發起的恢復海岸土地生態及挽救平原區計畫，已有超過 500

名屋主簽字允諾加入，民眾皆抱有相當的決心。布拉瓦（Brevard）的復育計畫範圍涵括五個郡，四萬名志工在約 251 公里長的海岸沿岸鋪設 42,000 個箱網，總共打造出 68 座新的牡蠣礁。

美國西岸也有生態復育計畫在進行，目標之一是將 40,000 個牡蠣苗放入普吉特灣，希望淨化木材加工廠數十年來在水域留下的汙染，大部分工作皆由當地志工居中聯絡協調。比較靠內陸的居民則不定時發起慈善募款烤牡蠣餐會，在餐會後將牡蠣殼送到沿海地區再利用。有些地方政府甚至設置了牡蠣殼分類回收箱，方便回收可當作復育用基質的牡蠣殼。

英國德文郡海岸的波洛克村（Porlock）也致力於讓海水恢復乾淨，希望重振牡蠣經濟，主要出力者也是當地志工。波洛克村因其水質而獨具優勢，英國僅有兩個產區的牡蠣獲得 A 級評等，波洛克村是其一。在塞文河（Severn）河口灣的另一側，斯萬西附近的曼博斯（Mumbles）也希望能成功復育牡蠣礁。

澳洲的生態環保意識抬頭，近年學者研究才發現南部海岸總長 2,400 公里的牡蠣礁一百多年來遭到過度採撈和破壞，而在北部的古爾本群島（Goulburn Islands）和梅爾維爾島（Melville Island），已有人著手推行牡蠣礁復育和牡蠣產業復興。當地原生的「岩蠔」（學名 *Ostrea angasi*）一度被認為已經滅絕，但由於抗病性佳，不像長牡蠣容易受到疫病侵襲，目前澳洲已開始重新引入原生種岩蠔。

大自然的給予和收回，皆自有其道。德國夕爾特島（Sylt）位在北海，沿岸潮間帶自 1995 年開始飽受長牡蠣入侵之苦。起因是小型實驗養殖場的外來種牡蠣外流至養殖場以外水域之後開始繁衍，起初並未造成危害，但入侵程度漸趨嚴重：於 1995 年時平均每平方公尺的海岸會發現一隻，2004 年達到每平方公尺 500 隻，2007 年更增加至每平方公尺 2,000 隻。外來種牡蠣盤據之下，大片沙灘化為礁岩。

德國漢堡（Hamburg）胡默‧佩德森海鮮餐廳（Hummer Pedersen）販售的夕爾特島產牡蠣。

E EVANS sc

美味守則

第一口直接吃原味，
才能充分品嘗牡蠣本身的滋味。
我自己喜歡咬嚼一下，但也有人喜歡一口吞下，
我想咬嚼一下比較能夠感受在口腔中迸發的鮮美。

紐約中央車站生蠔吧行政主廚山迪・英貝爾

插圖出處：尤仕塔斯・克萊爾・葛倫維・莫瑞
（Eustace Clare Grenville Murray），《牡蠣
之書：產區、養殖、烹飪及食用指南》（*The
Oyster: Where, How and When to Find,
Breed, Cook and Eat It*, 1861）。

牡蠣開殼教學

　　在所有貝類之中，牡蠣不僅最為高貴，開殼的難度也最高。峨螺（whelk）的肉用小叉子就能挑出來，玉黍螺（winkle）的肉用大頭針即可，安全起見可附上插回大頭針用的軟木塞。蛤蜊、鳥蛤和淡菜只要以蒸氣加熱就會自動開殼。牡蠣有專用的牡蠣刀，不過螺絲刀也能派上用場。

　　最初幾次嘗試將牡蠣開殼，需要的是勇氣和一把結實短刀——不要用切菜刀，有可能會折斷。訣竅在於找到適合的角度。一手隔著餐巾握住牡蠣，隆起的上殼朝下。較狹窄的一端會看到小小一段呈灰白色的鉸合韌帶，將刀尖以 40 至 45 度斜角插入鉸合韌帶。將刀刃向內滑入，接著扭轉刀子借力將殼撬開，讓刀刃自牡蠣肉底下劃過，即可將肉與殼分開。將沾上殼屑或髒汙的刀刃擦拭乾淨，就可以取下一顆來開殼。現今有經驗的牡蠣剝肉工一分鐘可以剝好三顆。

　　極少數牡蠣長得太過凹凸不平，用一般的方法無法開殼。這時候就必須用鉗子將尖端兩殼相連處夾破，才有縫隙可將刀尖伸進殼內。如果還是開不了殼，就將牡蠣放入微波爐微波 15 秒。

OYSTER, CLAM AND MACKEREL KNIVES.

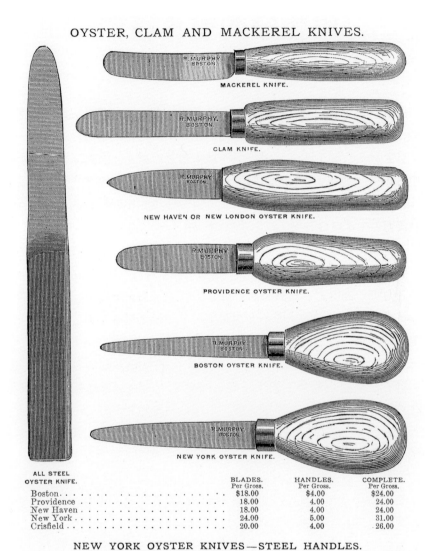

MACKEREL KNIFE.

CLAM KNIFE.

NEW HAVEN OR NEW LONDON OYSTER KNIFE.

PROVIDENCE OYSTER KNIFE.

BOSTON OYSTER KNIFE.

NEW YORK OYSTER KNIFE.

ALL STEEL OYSTER KNIFE.

	BLADES. Per Gross.	HANDLES. Per Gross.	COMPLETE. Per Gross.
Boston	$18.00	$4.00	$24.00
Providence	18.00	4.00	24.00
New Haven	18.00	4.00	24.00
New York	24.00	5.00	31.00
Crisfield	20.00	4.00	26.00

NEW YORK OYSTER KNIVES—STEEL HANDLES.

No. 1.	Size of Handle, 5-16 inch thick, 7-8 inch wide, per dozen						$6.00
" 2.	" "	3-8 "	"	7-8 "	"	"	7.35
" 3.	" "	7-16 "	"	7-8 "	"	"	8.75
" 4.	" "	7-8 "	"	7-8 "	"	"	10.00

Mackerel Knives, per dozen 1.50
Clam Knives, per dozen, . . No. 3, Large, $2.00   No. 4, Small, $1.50   No. 5, Medium, $2.00

R・墨菲牌（R. Murphy）高級牡蠣刀、蛤蜊刀及鯖魚刀廣告頁，出自丹姆、史塔德與肯達爾釣具行（Dame, Stoddard and Kendall）的 1901 年商品型錄。

吃生蠔的餐桌禮儀

　　或許是無人採用，或許是應用不當，如今已經無人注重吃生蠔時的餐桌禮儀。常見的迷思之一，是認為海裡現撈的生蠔直接食用最為美味。其實並非如此。牡蠣經採撈後還需浸於水中數日，在受在擾動之後靜定下來吸水後，滋味最為鮮美。考慮到現今大多數河口灣的水質狀況，到海邊自行採撈牡蠣可能稱不上很明智的作法。只有在美國和澳洲某些水質經確認安全的水域，才會鼓勵民眾到海邊採撈牡蠣。

　　在廚房將牡蠣去殼後，也需要靜置一陣子。開殼時最先溢出的是海水（有些人會直接倒掉），要再等一下，海水裡才會混入牡蠣本身的汁液。

　　從實際層面考量，送餐時將生蠔置於碎冰堆上有其優點：外殼不會刮壞上好的瓷器，溢出的汁液不會潑濺出來，而且不會弄髒桌巾。但碎冰並非必備，生蠔如同白酒，不一定要在冰涼時食用，放在室溫下或再暖一點也很美味。

　　純粹主義者可能會主張，一餐最開始吃下的兩、三顆牡蠣一定要直接生吃，不加任何醬料。不加檸檬、塔巴斯科辣椒醬、紅酒醋或紅蔥頭，也不加香腸，什麼都不加。這些都是淵遠流長的經典配料，搭配食用時充滿儀式感，但它們只是錦上添花，帶來的酸味或澀味其實不一定能襯托出牡蠣的甘甜，生食時尤其明顯。品嘗牡蠣最重要的，是看牡蠣來自什麼地方。要先充分領略牡蠣的鮮美滋味，這時候如有必要，才考慮是否需要採用一些烹調手法將牡蠣料理得更加美味。

　　生蠔搭配全麥麵包和奶油，同樣是考慮不周。生蠔與奶油勢不兩立，配在一起食用會將奶油的本質暴露無遺：一團脂肪。熟牡蠣料理則是另一回事——加入鮮奶油和奶油的風味絕佳。

　　波爾多的生蠔盤會配上熱呼呼的小香腸，巧妙形成冷與熱、海鮮與肉、無脂肪與脂肪、原汁原味與辛香料調味之間的對比。

《生蠔老饕》（*L'Amateur d'huîtres*），出自奧諾雷‧杜米埃（Honoré Daumier, 1808-1879）「人相面面觀」（Galerie Physionomique）系列，收錄於法國出版的《諷刺畫報》（*La Caricature*, 1836）。

搭配牡蠣的佐餐酒

　　傑出酒商約瑟・伯克曼（Joseph Berkmann）建議選擇與食物產自同一地區的葡萄酒來佐餐，理由是兩者之間至少會有一定程度的互動，例如源自羅亞爾河谷的料理應搭配白蘇維濃（Sauvignon Blanc），諾曼第的料理則搭配蘋果白蘭地（Calvados）。話雖如此，牡蠣的滋味濃烈且口感複雜，即使技藝高超的釀酒師也難以招架，還會碰上許多出乎意料的問題。其實牡蠣可說是扮演類似開胃酒的角色——牡蠣即葡萄酒。經典配料向來是辨識風味的優良指標，但無論是海水味或傳統配料如檸檬、塔巴斯科辣椒醬或酒醋，都不適合搭配白酒。

　　氣泡口感相當討喜，所以香檳、新世界氣泡酒甚至氣泡蘋果酒都適合搭配生蠔——不過香檳具有酸爽不甜的乾型口感（dryness），比氣泡蘋果酒更為理想。在蘇格蘭島嶼區，麥芽威士忌既可灑在生蠔上，也可以直接附上一小杯佐餐，「生蠔調酒」（oyster shooter）或許就源自於此。熱清酒也很適合佐生蠔。健力士（司陶特啤酒）的口感相當適合，但要考慮份量問題，一品脫健力士很可能需要配一打或更多生蠔。

　　如果要同時考量份量和濃烈度，雪莉酒永遠是首選，酒體略為絲滑濃稠，又具有飽滿厚實的風味，足以和生蠔的海水味相互映襯。不甜雪莉酒（fino）帶有清爽苦味，較甜的氧化陳年雪莉酒（oloroso）馥郁飽滿，搭配生蠔儼然擺出雙主角盛宴。熟牡蠣料理的佐餐酒取決於料理的調味。加了鮮奶油和奶油的焗烤牡蠣料理適合搭配夏多內（Chardonnay）；如果醬汁中加了葡萄酒，用同樣的酒佐餐即可。如果是搭配牛排甚至雞肉餡的牡蠣料理，就能拿出優質紅酒佐餐。牡蠣料理如帶辣味，不妨試試泡沫綿密豐厚的啤酒。

生蠔調酒
SHOOTERS AND SHOTS

　　調酒基本上是 20 世紀的新發明，由最早期那幾家飯店的酒吧推出。不過從美食史的角度來看，會猜想生蠔調酒應該源自墨西哥，生蠔搭配龍舌蘭酒（tequila）是當地典型的酒吧小菜（另有一說是生蠔調酒源自蘇格蘭島嶼地區，見左頁）。以下配方皆可另外加酒，但某方面來說，生蠔就能替代基酒。製作時先將生蠔肉和汁液放入杯中，再倒入蔬果汁，最後放上裝飾物。

1 人份

生蠔血腥瑪麗（Oyster Bloody Mary）

　　玻璃杯 1 杯的番茄汁、1 顆檸檬榨汁、現磨黑胡椒粒（轉兩下的份量）、裝飾用西洋芹梗 1 段。

西瓜瑪格麗特（Watermelon Margarita）

　　玻璃杯 1 杯的西瓜汁、1 顆柳橙榨汁、1 顆萊姆榨汁。

貝里尼（Bellini）

　　玻璃杯 ½ 杯的白桃果泥（果汁）、1 顆檸檬榨汁、玻璃杯 ½ 杯的蘇打水、裝飾用小黃瓜片 1 片。

薄荷小黃瓜

　　玻璃杯 1 杯的小黃瓜汁、1 顆萊姆榨汁、1 株新鮮薄荷、現磨黑胡椒粒（轉一下的份量）。

世界各地的牡蠣節慶

1 月

- 美國南卡羅來納州查爾斯頓快樂山（Mount Pleasant）布恩莊園（Boone Hall Plantation）「低地地區牡蠣節」（Lowcountry Oyster Festival）

2 月

- 美國馬里蘭州黑格斯敦（Hagerstown）「烤牛肉牡蠣節」（Bull and Oyster Roast）
- 美國奧克拉荷馬州（Oklahoma）「菲德里克神奇炸牡蠣節」（Frederick Fantastic Oyster Fry）

3 月

- 美國路易斯安那州紐奧良「歡慶牡蠣節」（Oyster Jubilee）

5 月

- 澳洲新南威爾斯州「納魯馬牡蠣節」（Narooma Oyster Festival）
- 紐西蘭因弗卡吉爾（Invercargill）附近「布拉夫牡蠣節」（Bluff Oyster Festival）
- 美國路易斯安那州沃登堡公園（Woldenberg Park）「紐奧良牡蠣節」（New Orleans Oyster Festival）

6 月

- 英國艾塞克斯「科爾切斯特中世紀慶典暨牡蠣節」（Colchester Medieval Festival & Oyster Fayre）
- 美國加州洪堡郡（Humboldt County）「阿克塔灣牡蠣節」（Arcata Bay Oyster Festival）

7 月

- 南非西開普省（Western Cape Province）「奈斯納牡蠣節」（Knysna Oyster Festival）
- 英國肯特郡「惠斯塔布牡蠣節」（Whitstable Oyster Festival）
- 法國布列塔尼貝隆河畔里耶克（Riec-sur-Belon）「牡蠣節」（Fête de l'Huître）
- 加拿大愛德華王子島「泰恩河谷牡蠣節」（Tyne Valley Oyster Festival）

8 月

- 8 月 5 日：美國「國家牡蠣日」（National Oyster Day）

- 美國康乃狄克州「米爾福德牡蠣節」（Milford Oyster Festival）

9 月

- 英國北愛爾蘭（Northern Ireland）「希爾斯堡國際牡蠣節」（Hillsborough International Oyster Festival）
- 美國康乃狄克州長島灣「諾瓦克牡蠣節」（Norwalk Oyster Festival）
- 美國紐約市「紐約牡蠣週」（New York Oyster Week）
- 愛爾蘭「哥爾威國際牡蠣海鮮節」（Galway International Oyster and Seafood Festival）

10 月

- 英國康沃爾「法爾茅斯牡蠣節」（Falmouth Oyster Festival）
- 加拿大紐布朗斯維克「小屋村牡蠣節」（Festival des Huître de Maisonnette）
- 澳洲新南威爾斯州「卡魯阿木材與牡蠣節」（Karuah Timber and Oyster Festival）
- 美國路易斯安那州紐奧良聖伯納堂區（St. Bernard Parish）「維奧蕾牡蠣節」（Violet Oyster Festival）
- 英國威爾斯（Wales）「曼博斯牡蠣海鮮節」（Mumbles Oyster and Seafood Festival）
- 美國紐約長島牡蠣灣「牡蠣節」（Oyster Festival）
- 美國馬里蘭州倫納德頓（Leonardtown）「聖瑪利亞郡牡蠣節」（St. Mary's County Oyster Festival）
- 美國麻薩諸塞州（Massachusetts）科德角「韋弗利牡蠣節」（Wellfleet Oyster Fest）
- 美國北卡羅來納州海洋島海灘（Ocean Isle Beach）「牡蠣節」（Oyster Festival）
- 美國賓夕法尼亞州（Pennsylvania）「約克郡文化信託牡蠣節」（York County Heritage Trust Oyster Festival）

11 月

- 美國維吉尼亞州「維吉尼亞牡蠣月」（Virginia Oyster Month）
- 美國奧勒岡州紐波特「蠔酒席料理大賽」（Oyster Cloyster）
- 美國佛羅里達州阿帕拉齊科拉「佛羅里達海鮮節」（Florida Seafood Festival）
- 美國維吉尼亞州「厄班納牡蠣節」（Urbanna Oyster Festival）
- 澳洲新南威爾斯州艾塔龍海灘（Ettalong Beach）「布里斯班河牡蠣節」（Brisbane Water Oyster Festival）
- 美國伊利諾州（Illinois）史帝尼村（Stickney）／西塞羅鎮（Cicero）霍桑賽馬場（Hawthorne Race Course）「牡蠣賽馬節」（Oyster Festival of Racing）
- 美國南卡羅來納州庇護灣社區公園（Shelter Cove Community Park）「希爾頓角島牡蠣節」（Hilton Head Island Oyster Festival）
- 美國南卡羅來納州哥倫比亞市（Columbia）「牡蠣節」（Oyster Festival）

不同種的牡蠣

牡蠣通常依照產區命名，但一般常食用的牡蠣在生物學可歸為以下數種[7]：

美東牡蠣（學名 *Crassostrea Virginica*）

俗稱「美洲牡蠣」（American oyster）、「墨西哥灣牡蠣」（Gulf oyster）或「大西洋牡蠣」（Atlantic oyster），於北美洲東岸和美國南部皆有養殖，外殼呈深杯狀，殼寬通常為 5 ～ 12 公分。

奧林匹亞牡蠣（學名 *Ostrea Iurida*）

名稱取自華盛頓州首府奧林匹亞，原生於美國西北岸。殼寬通常小於 5 公分，生長速度緩慢，有一說是生長緩慢有助孕育出煙燻味和近似銅的風味。

歐洲扁殼蠔（或稱「歐洲扁牡蠣」，學名 *Ostrea edulis*）

歷史上以滋味鮮美著稱的牡蠣就是此種原生歐洲的牡蠣，自 1950 年代開始也引入美國西北岸養殖。

長牡蠣（或稱「太平洋牡蠣」，學名 *Crassostrea gigas*）

此種牡蠣個頭可長得比其他種更大，生長速度也較快，適應能力較強且比較不易感染疫病，現今在世界各地最為常見，也是美國西岸主要養殖的牡蠣。

熊本牡蠣（Kumomoto Oyster，學名 *Crassostrea sikamea*）

名稱取自最初開始養殖此種牡蠣的日本熊本縣，有「貴族的牡蠣」之稱，個頭很小，殼寬僅約 5 公分，「肉殼比」卻很高。

雪梨岩牡蠣（或稱「岩蚵」、「石蚵」，學名 *Saccostrea glomerata*）

也稱為「紐西蘭岩牡蠣」（New Zealand rock oyster），個頭比長牡蠣略小，但很容易搞混：長牡蠣的邊緣皺褶帶有黑邊，雪梨岩牡蠣的邊緣皺褶顏色泛白且較柔軟，風味也較為細緻。

岩蠔（也稱「澳洲扁牡蠣」，學名 *Ostrea angasi*）

此澳洲原生種牡蠣在過度採撈之下幾乎滅絕殆盡，優勢則是不像長牡蠣易感染疫病，澳洲近年已積極展開復育，現今在塔斯馬尼亞州仍有野生種。

智利牡蠣（學名 *Ostrea chilensis*）

俗稱「布拉夫牡蠣」（Bluff oyster）或「拖網牡蠣」的野生種牡蠣，主要產於福沃海峽及塔斯曼灣（Tasman Bay），採收期為 3 月至 8 月，其顏色乳白似鮮奶油，口感柔嫩綿軟。

盛產牡蠣的海灣、礁床和水域

加拿大

英屬哥倫比亞：努特卡海峽（Nootka Sound）、瓜達拉島（Quadra Island）、登曼島（Denman Island）、范尼灣（Fanny Bay）、馬拉斯皮納灣（Malaspina Inlet）、哲維斯灣（Jervis Inlet）。

紐布朗斯維克：卡哈蓋、聖西蒙（La St. Simon）、拉梅克（Lamèque）、米拉米契灣（Miramichi Bay）。

愛德華王子島：貝德克灣、夏默賽德（Summerside）、馬爾佩克、覆盆子岬（Raspberry Point）、科維爾灣（Colville Bay）。

新斯科細亞：馬拉加敦、塔塔馬古什、布哈多湖（Bras d'Or）、北岬（Cape North）。

美國西岸

阿拉斯加（Alaska）：辛普森灣（Simpson Bay）、風灣（Windy Bay）、岩石道（Rocky Pass）、鷹隼灣（Hawk Inlet）。

華盛頓州：薩米許灣、丹吉尼斯（Dungeness）、發現灣（Discovery Bay）、達巴布灣（Dabob）、史科寇米許河、大奎爾森河、朵斯瓦歷普河、杜卡布希河、哈瑪哈瑪河、泥灣、皮克林海峽（Pickering Passage）、奧克蘭灣、漢默斯利灣（Hammersley Inlet）、皮爾海峽（Peale Passage）、小史克庫姆灣、托頓灣、牡蠣灣、奧林匹亞、格雷斯港、威拉帕灣、歐伊斯特維爾。

奧勒岡州：庫斯灣、溫徹斯特灣（Winchester Bay）、亞奎納灣、蒂拉穆克、雷尼爾（Rainier）。

加州：霍格島（Hog Island）、托馬雷斯灣、德雷克河口灣。

---

7. 譯註：分別屬於「巨牡蠣屬」、「牡蠣屬」和「囊牡蠣屬」。

美國東岸

緬因州：達馬里斯科塔河、佩馬奎德岬（Pemaquid Point）。

麻薩諸塞州與羅德島：鯨魚岩（Whale Rock）、守望山（Watch Hill）、納拉干瑟灣、匡西特岬（Quonset Point）、克提漢克島（Cuttyhunk Island）、瑪莎葡萄園島、法茅斯、科圖伊特、巴恩斯塔波、韋弗利港、德克斯布里（Duxbury）。

紐約與康乃狄克州：牡蠣灣、諾斯波特港、奇蒙島（Chimon Isle）、達克島（Duck Island）、羅賓斯島（Robins Island）、麥考克斯灣（Mecox Bay）、派普斯灣（Pipes Cove）、謝爾特島（Shelter Island）、牡蠣池（Oysterponds）、漁人島、拉姆島（Ram Island）。

紐澤西州：五月岬。

維吉尼亞州：詹姆斯河（James River）、拉帕漢諾克河、切薩皮克灣、釣魚溪（Fishing Creek）、博格斯灣（Bogues Bay）。

北卡羅來納州：帕姆利科灣。

美國墨西哥灣

東岸：阿帕拉齊科拉灣、東灣（East Bay）、海軍灣（Navy Cove）、莫比爾灣、松林角（Point aux Pins）、密西西比灣、比洛克西、巴拉塔利亞、泰勒博灣（Terrebone Bay）、凱尤湖、博樂嘉島（Beauregard Island）。

德州與加爾維斯敦：陶德堆（Todd's Dump）、老黃礁（Old Yellow Reef）、牛丘礁（Bull Hill Reef）、史蒂文森礁（Stephenson Reef）、史密斯道（Smith Pass）、孤櫟礁（Lone Oak Reef）、馬塔哥達灣、聖安東尼奧灣、阿蘭薩斯灣、馬德雷潟湖的下潟湖。

墨西哥

下加利福尼亞州（Baja California）、南下加利福尼亞州（Baja California Sur）、納亞里特州（Nayarit）、塔茅利帕斯州（Tamaulipas）、維拉克魯斯州（Veracruz）、塔巴斯科州（Tabasco）、坎佩切州（Campeche）。

智利

里蘭灣（Rilan Bay）、奇洛厄島（Chiloe）。

愛爾蘭

班克拉納（Buncrana）、阿基爾（Achill）、卡爾納（Carna）、克拉倫布里奇（Clarenbridge）、哥爾威、特拉利（Tralee）、丹加芬（Dungarvan）。

英國

北愛爾蘭：卡陵福灣、斯特朗福灣（Strangford lough）。

威爾斯：曼博斯、梅奈海峽（Menai Strait）。

英格蘭：巴特里溪（Butley Creek）、德本河（River Deben）、歐威爾河（River Orwell）、斯托河（River Stour）、羅奇河、科恩河口、西梅爾希、黑水河口、馬爾頓、克羅契河、惠斯塔布、南安普敦、普爾（Poole）、白浪島（Brownsea Island）、亞波茨伯里、坎莫河口（Camel Estuary）、法爾河（River Fal）、邁勒（Mylor）、澤西島、林迪斯法恩。

蘇格蘭：斯凱島、費恩湖。

法國

諾曼第：濱海依思尼（Isigny-sur-Mer）、聖瓦斯特（Saint Vaast）、科唐坦半島（Coptentin；深海）。

布列塔尼：基貝宏、莫爾比昂、阿文－貝隆河、貝隆、坎佩、布列斯特、莫爾萊（Morlaix）、潘波勒（Paimpol；深海）、聖布里厄灣、康卡勒。

阿卡雄：費雷角及阿爾金沙洲（Cap-Ferret Arguin Sandbank）、鳥島（Île aux Oiseaux）。

隆格多克（Languedoc）：布濟格、拓湖。

比利時

所有比利時養殖牡蠣皆來自奧斯滕德。

荷蘭

澤蘭省（Zeeland）、耶爾瑟克（Yerseke）、東斯海爾德（Eastern Scheldt）、格雷弗林根湖（Lake Grevelingen）。

義大利

維內雷港（Porto Venere）、里米尼（Rimini）、塔蘭托。

澳洲

新南威爾斯州：特韋德（Tweed）、黑斯廷斯岬（Hastings Point）、布朗斯維克黑茲（Brunswick Heads）、烏利烏利河（Wooli Wooli River）、卡姆登黑文河（Camden Haven River）、沃利斯湖（Wallis Lake）、曼寧角（Manning Point）、史蒂芬港（Port Stephens）、布里斯班河、霍克斯伯里河（Hawkesbury River）、植物學灣。

南澳洲：煙霧灣（Smoky Bay）、拒止灣（Denial Bay）、哈斯蘭（Haslam）、斑紋灣

（Streaky Bay）、科芬灣（Coffin Bay）、林肯港（Port Lincoln）、考維爾（Cowell）、袋鼠島（Kangaroo Island）。

塔斯馬尼亞州：蒙塔古（Montagu）、索雷爾港（Port Sorrel）、喬治灣（Georges Bay）、科爾斯灣（Coles Bay）、大牡蠣灣（Great Oyster Bay）、達納利（Dunnalley）、諾福克灣（Norfolk Bay）、休恩河（Huon River）、艾斯佩蘭斯港（Port Esperance）。

紐西蘭

馬塔卡納（Matakana）、克利夫登（Clevedon）、福沃海峽。

參考文獻

- 佚名，《婦女的責任義務》(Anon.) "A Lady," *The Whole Duty of a Woman*, "Printed for J. Gwillim, against the Great James Tavern in Bishopsgate-street", London (1696)
- Thomas Austin, "Two Fifteenth-Century Cookery-books." Taken from the Harleian Manuscripts, with extracts from the Ashmole, Laud & Douce Manuscripts, London (1888)

- J. A. Buckley, *The Cornish Mining Industry: A Brief History*, Tor Mark Press, Redruth (1992)
- 席曼・波史托克與大衛・詹姆斯（Simant Bostock and David James），《淵遠流長的凱爾特文化》（*Celtic Connections: Ancient Celts, Their Tradition and Living Legacy*, Blandford Press, London , 1996）

- 路易斯・卡洛爾（Lewis Carroll），《愛麗絲鏡中奇遇》（*Through the Looking-Glass*, Macmillan & Co., London, 1871）
- 皮耶・德・拉夏洛瓦（Pierre de la Charlevoix,），《新法蘭西的歷史與概況》（*Histoire et description générale de la Nouvelle France*, Didot, Paris, 1744）
- *Captain Cook's Journal During his First Voyage Round the World Made in H.M. bark "Endeavour", 1768-71*, Captain W.J.L Wharton (ed.), Elliot Stock, London (1893)

- 丹尼爾・笛福（Daniel Defoe），《大不列顛全島遊記》（*A Tour Thro' the Whole Island of Great Britain* [1724-27], JM Dent and Co., London, 1927）

- 查爾斯・狄更斯（Charles Dickens），《小氣財神》（*A Christmas Carol*, Chapman & Hall, London, 1843）
- 查爾斯・狄更斯（Charles Dickens），《匹克威克外傳》（*The Pickwick Papers*, Chapman & Hall, London, 1836-37）
- 大仲馬（Alexandre Dumas），《烹飪大辭典》（*Grand Dictionnaire de cuisine*, Paris, 1873）

- 西莉亞・范恩斯（Celia Fiennes），《側鞍騎馬遊英格蘭》（*Through England on a Side Saddle*, Field & Tuer, London, 1888）
- M. F. K. 費雪著，韓良憶譯，《牡蠣之書》（麥田出版）(M. F. K. Fisher , *Consider the Oyster* [1941], North Point Press, New York, 1988）
- 湯瑪斯・富勒（Thomas Fuller），《英格蘭名人史》（*The History of the Worthies of*

England, London, 1662）

- Roger Gachet, *Tout savoir sur les huitres*, Europe Éditions, Nice (2007)
- Elizabeth Grey (Countess of Kent), *A True Gentlewomans Delight.*, W.I. Gent, London (1653)

- 瑪莉恩・哈蘭（Marion Harland [Mary Virginia Terhune)]），《家居生活必備常識》（*Common Sense in the Household: A Manual of Practical Housewifery*, Scribner, Armstrong &Co. , New York, 1873）
- 厄內斯特・海明威（Ernest Hemingway），《流動的饗宴》（*A Moveable Feast*, Jonathan Cape, London, 1964）
- 喬治・雷歐納・赫特與貝瑟・赫特（George Leonard Herter and Berthe E. Herter），《野營廚師正宗祕傳食譜及烹飪實務》（*Bull Cook and Authentic Historical Recipes and Practices* [1967], Ecco Press, New York, 1995）
- 湯瑪斯・赫胥黎（Thomas Huxley），〈牡蠣與牡蠣問題〉（"Oysters and the Oyster Question" [1883], quoted in Leonard Huxley (ed.), *The Life and Letters of Thomas Henry Huxley*, vol. 2, [1903], Cambridge University Press, Cambridge, 2011）

- 山迪・英貝爾與羅伊・費納摩（Sandy Ingber and Roy Finamore），《紐約中央車站生蠔吧餐廳食譜大全》（*The Grand Central Oyster Bar and Restaurant Cookbook*, Stewart, Tabori & Chang, New York, 2013）

- Mark Kurlansky, *The Big Oyster: A Molluscular History of New York*, Vintage, New York (2007)

- 莫泊桑（Guy de Maupassant），《漂亮朋友》（*Bel Ami* [1883], Oxford University Press, Oxford, 2011）
- Patrick McMurray, *Consider the Oyster: A Shucker's Field Guide*, Thomas Dunne Books, New York (2007)
- 法蘭西斯・路易・米歇爾（Francis Louis Michel），〈法蘭西斯・路易・米歇爾 1701 年 10 月 2 日至 1702 年 12 月 1 日自瑞士伯恩至維吉尼亞遊歷見聞〉（"Report on the Journey of Francis Louis Michel from Berne, Switzerland to Virginia, October 2,1701-December 1 1702," quoted in *Virginia Magazine of History and Biography*, 24, 1916）
- 阿利斯泰・莫法（Alistair Moffat），《海上王國》（*The Sea Kingdoms: The History of Celtic Britain and Ireland*, Birlinn Ltd, Edinburgh, 2008）
- 村上春樹著，賴明珠譯，《發條鳥年代記（三）──刺鳥人篇》（時報出版）（Haruki

Murakami [trans. Jay Rubin], *The Wind-Up Bird Chronicle, Vintage*, London, 1994）

- 尤仕塔斯‧克萊爾‧葛倫維‧莫瑞（Eustace Clare Grenville Murray），《牡蠣之書：產區、養殖、烹飪及食用指南》（*The Oyster: Where, How and When to Find, Breed, Cook and Eat It*, London, 1861）

- 約翰‧莫雷爾（John Murrell），《新烹飪指南》（*A New Booke of Cookerie*, London, 1615）

- 約翰‧莫理斯（John Morris），《倫蒂尼恩》（*Londinium: London In The Roman Empire*, Phoenix Press, London, 1999）

- 羅伯特‧尼爾德（Robert Neild），《英國人、法國人與牡蠣》（*The English, the French and the Oyster*, Quiller Press, London, 1995）

- 山繆爾‧皮普斯（Samuel Pepys），《皮普斯日記》（*The Diary of Samuel Pepys: Volume I - 1660*, JM Dent & Co., London, 1953）

- 老普林尼（Pliny the Elder），《博物志》（*Natural History*, Book IX, Loeb, Cambridge, MA, 1952）

- 葛蘭姆‧羅布著，黃中憲譯，《非典型法國》（衛城出版）（Graham Robb, *The Discovery of France*, Picador, London, 2008）

- 威廉‧莎士比亞（William Shakespeare），《溫莎的風流婦人》（*The Merry Wives of Windsor*, London, 1602）

- 杜魯‧史密斯（Drew Smith），《牡蠣的世界史》（*Oyster: A World History*, History Press, London, 2010）

- 傑瑞米‧泰勒（Jeremy Taylor），〈罪惡的果子〉（"Apples of Sodom," Part II, Sermon XX of *XV Sermons for the Winter Half-Year, Preached at Golden Grove*, 1653）

- Robb Walsh, *Sex, Death and Oysters*, Counterpoint Press, Berkeley, CA (2009)
- 莎拉‧華特斯著，章晉唯譯，《輕舔絲絨》（麥田出版）（Sarah Waters, *Tipping the Velvet*, Virago, London, 1998）
- 約翰‧溫納斯坦（John Wennersten），《切薩皮克灣的牡蠣戰爭》（*The Oyster Wars of Chesapeake Bay*, Tidewater Publishers, Centreville, MD, 1981）
- 漢娜‧伍利（Hannah Woolley），《優秀淑女熱愛的醃漬保存、烹飪廚藝與美容美體保健大全》（*The Accomplish'd Lady's Delight in Preserving, Physick, Beautifying, and Cookery*, London, 1675）

致謝

　　本書能夠寫成，全賴許多貴人相助，在此謹向所有人致上謝意。特別感謝獨具慧眼和遠見的席薇亞·蘭福德（Silvia Langford），感謝文編安娜·索斯蓋（Anna Southgate），當然也要謝謝艾爾文街出版社（Elwin Street）的所有人，最後要感謝亞伯蘭斯出版社（Abrams）的麥可·山德（Michael Sand）洞察大眾需要也應該更了解與牡蠣有關的一切。

圖片來源

牡蠣萬歲

美味、誘惑、金錢與權力，完美食材的地理與歷史，附贈保證好吃的經典食譜

Oyster: A Gastronomic History (with Recipes)

作　　者　德魯・史密斯（Drew Smith）
譯　　者　王　翎
封面設計　許晉維
內頁排版　陳佩君
責任編輯　王辰元
校　　對　張立雯

發 行 人　蘇拾平
總 編 輯　蘇拾平
副總編輯　王辰元
資深主編　夏于翔
主　　編　李明瑾
行　　銷　廖倚萱
業　　務　王綬晨、邱紹溢、劉文雅
出　　版　日出出版
發　　行　大雁文化事業股份有限公司
　　　　　地址：新北市新店區北新路三段 207-3 號 5 樓
　　　　　電話：(02) 8913-1005　傳真：(02) 8913-1056
　　　　　劃撥帳號：19983379 戶名：大雁文化事業股份有限公司

初版一刷　2024 年 12 月
定　　價　750 元
版權所有・翻印必究
ISBN 978-626-7568-50-7
ISBN 978-626-7568-49-1（EPUB）

Conceived by Elwin Street Productions
Text © Drew Smith 2015
© Elwin Street Limited 2015
10 Elwin Street
London, E2 7BU
UK

This edition arranged with Elwin Street Limited
through BIG APPLE AGENCY, INC., LABUAN, MALAYSIA.
Traditional Chinese edition copyright:
2024 Sunrise Press, a division of AND Publishing Ltd.
All rights reserved.

國家圖書館出版品預行編目(CIP)資料

牡蠣萬歲：美味、誘惑、金錢與權力，完美食材
的地理與歷史，附贈保證好吃的經典食譜 / 德魯・
史密斯（Drew Smith）著；王翎譯 . -- 初版 . -- 新北
市：日出出版：大雁出版基地發行, 2024.12
　　面；　公分
ISBN 978-626-7568-50-7（平裝）

1. 飲食風俗 2. 牡蠣 3. 文化史 4. 食譜

538.71　　　　　　　　　　　　　113018270